7일만에 쉽게 끝내는
해외마케팅

7일만에 쉽게 끝내는 해외마케팅

무역현장 전문가의
생생한 해외마케팅 A to Z!

이기찬 지음

중앙경제평론사

글로벌경제시대를 맞이하여 기업들의 해외진출이 가속화되고 기업 매출에서 해외시장이 차지하는 비중이 갈수록 늘어나고 있다. 내로라하는 대기업은 물론 중소기업도 해외시장에 성공적으로 진출하느냐에 따라 기업의 사활이 갈릴 정도로 해외시장의 중요성이 커지고 있다.

해외마케팅을 해외시장에서 판매를 극대화하기 위한 기업의 제반활동이라고 정의한다면 이미 해외시장에 진출했거나 해외시장 진출을 계획하고 있는 모든 기업에게 성공적인 해외마케팅이야말로 가장 중요한 과제이자 목표가 아닐 수 없다.

문제는 어떻게 성공적으로 해외마케팅을 펼쳐나가느냐는 것이다. 국내시장과는 전혀 다른 환경에서 현지업체는 물론 전 세계의 내로라하는 업체들과 경쟁을 벌여야 하는 기업으로서는 해외마케팅 전략을 수립하고 이를 실행에 옮기는 과정에서 크고 작은 시행착오에 직면할 수밖에 없다.

이 책은 해외시장 진출에 따르는 시행착오를 조금이라도 줄일 수 있도록 해외마케팅 전략의 수립에서부터 실행 및 사후관리에 이르기까지 해외마케팅의 전 과정을 다루었다. 이 책을 저술하면서 힘들었던 것 가운데 하나가 해외마케팅을 어떻게 해석하느냐는 것이었다. 기업의 입장에 따라 해외마케팅에 대한 해석이 달라질 수 있기 때문이다.

자본과 조직이 뒷받침되는 대기업으로서는 해외시장에 직접 진출해 최종소비자들을 상대로 제품을 홍보하고 판매를 극대화하는 것을 해외마케팅이라고 해석할 것이다. 하지만 해외시장에 직접 진출할 여건이 되지 않는 중소기업으로서는 해외마케팅의 범위를 해외거래처를 대상으로 펼치는 마케팅 활동에 국한할 수밖에 없다.

따라서 해외마케팅은 현지에서 직접 최종소비자들을 상대로 마케팅을 펼치는 현지마케팅과 해외거래처를 상대로 마케팅을 펼치는 수출마케팅으로 구분할 수 있으며, 수출마케팅을 제대로 이해하려면 기본적인 무역실무지식이 수반되어야 한다.

이 책에서는 이와 같은 상황을 반영하여 해외마케팅의 전반적인 내용은 물론 기본적 무역실무지식까지 다룸으로써 해외마케팅을 종합적으로 이해하는 데 도움이 되도록 하였다. 이 책에서는 또한 이론 설명을 최소화하고 실전 위주의 내용과 사례를 곁들여 실무에서 활용하는 데 편리하도록 하였다.

이 책의 내용 중 해외거래처 상대요령이나 국가별 특성 및 대응전략 등은 절대적 기준이라기보다는 저자의 주관적 견해임을 밝혀둔다. 또 해외마케팅 성공사례에 소개한 내용은 한국무역협회에서 출간된《세계를 상대로 기회를 찾은 사람들》과《국가대표 강소기업》에 소개된 실제 사례를 바탕으로 저술하였다.

이 책이 해외마케팅을 공부하거나 현장에서 해외마케팅 업무를 수행하는 실무자들에게 해외마케팅의 전 과정을 좀더 쉽게 이해하고 업무에 활용하는 데 실질적으로 도움이 되기를 기원한다.

이기찬

| 차례 |

머리말   4

1장   해외마케팅 개요

  1 해외마케팅의 정의   11

  2 해외마케팅 업무의 개요   13

  3 해외시장의 특성   17

2장   해외시장분석과 해외마케팅 전략수립

  1 해외시장분석   23

  2 해외마케팅 이론   37

  3 해외마케팅 전략수립   53

3장   현지마케팅

  1 현지법인의 설립   59

  2 현지유통망의 구축   63

  3 제품홍보 및 판촉   66

4장 수출마케팅

1 해외거래처의 개발   75

2 신용조사   85

3 계약의 체결   88

4 계약의 이행   115

5 원가계산   122

5장 전시회 및 해외조달

1 전시회   129

2 해외조달   150

6장 해외고객관리

1 해외소비자관리   157

2 해외거래처관리   160

7장 무역사기 및 해외마케팅 성공사례

1 무역사기사례   203

2 해외마케팅 성공사례   210

참고문헌   230

1장

해외마케팅 개요

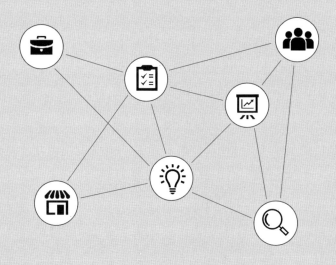

1
해외마케팅의 정의

해외마케팅이란 상품이나 서비스를 해외시장에 성공적으로 판매하기 위한 기업의 제반활동을 뜻한다. 기업의 마케팅 활동은 대상 지역이 국내인지 해외인지에 따라 국내마케팅과 해외마케팅으로 분류할 수 있으며, 이 중 해외마케팅은 해외시장을 대상으로 하는 마케팅이라고 정의할 수 있다.

해외마케팅의 주된 대상은 해외시장의 소비자이므로 해외마케팅의 궁극적 목표도 해외시장의 소비자들에게 어떻게 어필해서 판매를 극대화하느냐에 맞춰져야 한다. 하지만 해외시장의 특성상 현지소비자들을 상대로 직접 마케팅을 펼칠 수 있는 경우는 제한적일 수밖에 없다.

특히 여러 가지 여건상 해외시장에서 현지소비자들을 상대로 직접 마케팅 활동을 벌일 수 없는 중소기업으로서는 현지소비자가 아니라 해외거래처를 대상으로 마케팅 활동을 펼칠 수밖에 없다. 따라서 해외마케팅은 현지소비자를 대상으로 하는 현지마케팅과 해외거래처를 대상으로 하는 수출마케팅으로 나눌 수 있다.

2
해외마케팅 업무의 개요

　해외마케팅을 성공적으로 수행하기 위해서는 해외시장을 분석해서 마케팅전략을 수립하고 이를 효과적으로 실행하며 그 결과를 분석하여 거래처를 관리하는 등의 업무를 유기적으로 추진해야 한다. 해외마케팅 관련 업무의 구체적 내용은 다음과 같다.

1) 해외마케팅 기획

　해외마케팅 활동을 본격적으로 펼치기 전에 먼저 해외시장에 대한 다양한 정보를 입수해서 분석하고 이를 토대로 장단기 해외마케팅 전략을 수립해야 한다. 국내시장과는 전혀 다른 새로운 시장을 대상으로 하는 만큼 무계획적이고 즉흥적인 마케팅 활동으로는 소기의 성과를 거두기가 힘들기 때문이다.

이와 같이 해외시장을 분석하고 마케팅전략을 수립하는 것을 해외마케팅 기획이라고 하는데, 해외마케팅 기획은 해외마케팅의 출발점이자 성패를 좌우하는 핵심 업무라고 할 수 있다.

해외마케팅 기획 업무의 최종목표는 실행가능하면서도 최선의 효과를 기대할 수 있는 마케팅전략을 수립하는 것이다. 그러기 위해서는 해외시장에 대한 정확한 분석과 함께 미래시장을 예측할 수 있는 판단력이 필요하다.

마케팅전략 수립의 바탕이 되는 해외시장 정보는 현지지사나 에이전트 또는 인터넷이나 무역 관련기관 등을 통해서 입수할 수 있으며, 이때 정보의 품질이 관건이므로 목표시장의 개요와 상관습은 물론 품목별로 현지시장에 대한 정확하면서도 최신상황을 반영한 정보를 입수하는 데 만전을 기해야 한다.

해외시장 정보에 대한 분석 및 미래예측이 완료되면 SWOT, STP, 4P 등과 같은 일반적인 마케팅이론과 현지화전략, 한류마케팅전략 등 해외마케팅에 특화된 마케팅이론을 활용하여 최적화된 마케팅전략을 수립함으로써 해외마케팅 기획을 마무리 지을 수 있다.

2) 해외마케팅 실행

해외마케팅 전략이 수립되면 해외시장에 본격적으로 진출하기 위해 이를 실행에 옮겨야 한다. 해외마케팅을 실행에 옮기는 방법으로는 현지소비자를 대상으로 하는 현지마케팅과 해외거래처를 대상으로 하는 수출마케팅이 있다.

최종소비자가 개인인 소비재의 경우 현지마케팅을 하기 위해서는 현지에서의 광고 및 프로모션을 통해서 상품을 홍보하고 브랜드이미지를 높여야 하며 필요에 따라 현지법인을 설립하고 판매유통망을 구축해야 한다.

이와 같은 직접마케팅 방식은 현지에서 외국기업에 대한 규제가 있을 수 있고, 예산 문제 등으로 일부 대기업이나 글로벌기업 외에는 활용하기가 곤란한 방식이다. 따라서 중소기업에서는 대부분 해외거래처를 대상으로 하는 수출마케팅에 주력할 수밖에 없다.

한편 원자재나 산업재와 같이 최종소비자가 기업인 경우나 해외정부, 유엔(UN) 등 국제기관을 상대로 하는 공공조달(public procurement)인 경우에는 해당 기업이나 기관을 상대로 하는 직접마케팅이 가능하나 해당 기업과 직접적인 거래관계를 수립하기가 어렵거나 공공조달에 진입장벽이 있을 때는 해외파트너와 제휴하여 진출할 수도 있다.

3) 해외마케팅 관리

해외마케팅을 실행에 옮긴 뒤에는 그 결과를 분석하고 개선안을 마련하며 최종소비자의 불만이나 해외거래처의 클레임에 적절히 대처하는 등의 업무를 수행해야 한다. 이와 같은 업무를 해외마케팅 관리라고 하는데, 이는 해외시장을 안정적이고도 지속적으로 관리하기 위해서 필수불가결한 업무이다.

해외마케팅의 실행에만 주력하고 사후관리에 소홀하면 장기적으로 시장에서 도태될 확률이 높다. 특히 경제 내외적으로 많은 변수가 도사리고 있는 해외시장에서는 마케팅 실행 못지않게 최종소비자 또는 해외거래처 입장에서 문제를 파악하고 개선하고자 하는 적극적인 자세가 필요하다.

위에 열거한 해외마케팅 관련 업무의 구체적인 내용은 다음 장에서 다룬다.

3
해외시장의 특성

　해외시장을 분석하고 마케팅전략을 효율적으로 수립하기 위해서는 먼저 해외시장의 특성을 정확하게 이해해야 한다. 국내시장과 다른 환경에서 거래되기 때문에 현지시장의 특성을 이해하지 못하고는 마케팅전략을 제대로 수립할 수 없기 때문이다. 국내시장과 비교했을 때 해외시장의 특성을 열거하면 다음과 같다.

1) 시장이 크다

　세계 각국의 시장을 망라하는 해외시장의 규모는 국내시장과 비교할 수 없을 정도로 매우 크다. 품목에 따라 차이가 있지만 미국, 일본, 유럽 등 선진국 시장은 국내시장의 몇 배에서 수십 배에 이를 정도로 규모가 크다.

시장의 규모가 큰 만큼 처음 해외시장에 진출할 때부터 장기적인 관점에서 마케팅전략을 수립할 필요가 있다. 즉 시장규모와 상관없이 해외시장에 처음 진출해서 자리를 잡을 때까지는 판매규모 면에서 국내시장보다 떨어질 수밖에 없지만 국내시장을 공략할 때보다 좀더 적극적인 마케팅전략을 수립함으로써 장기적으로 해외시장에서의 판매규모를 극대화하려는 노력이 필요하다.

2) 경쟁이 심하다

해외시장에서는 세계 각국의 경쟁업체뿐만 아니라 현지시장에서 기득권을 가지고 있는 현지업체들과도 경쟁해야 하기 때문에 국내업체들과의 경쟁이 주를 이루는 국내시장에서보다 훨씬 더 심한 경쟁을 각오해야 한다.

해외시장에서는 단순히 경쟁업체 수가 많은 것뿐만 아니라 경쟁업체의 동향이나 시장정보를 파악하는 데도 어려움을 겪을 수밖에 없다. 따라서 해외시장에 진출할 때는 경쟁업체의 동향이나 시장정보를 입수하는 데 총력을 기울이고 전 세계 유수업체들과 경쟁해서 살아남을 수 있도록 가격이나 품질 면에서 경쟁력을 유지하는 데 만전을 기해야 한다.

3) 운송구간이 길다

해외시장은 국내시장에 비해 운송구간이 길어서 장거리운송을 해야 한다. 따라서 해외시장에 진출할 때는 장거리운송을 감안하여 포장을 강화하고, 운송비를 감안하여 가격을 산정하며, 운송 중에 발생하는 사고에 대비하기 위해 보험에 가입해야 한다.

육로로 운송하는 국내거래와 달리 해외시장에 진출할 때는 주로 해상운송이나 항공운송을 이용하게 되므로 해상 및 항공 운송에 따르는 운임산정방식과 선박회사, 항공사와의 업무처리절차 및 운송서류 등에 대해 숙지할 필요가 있다.

4) 통관절차를 거쳐야 한다

해외시장에 물품을 보내기 위해서는 수출국과 수입국 양쪽에서 통관절차를 거쳐야 한다. 통관절차는 물품이 국경을 넘어갈 때만 필요한 절차이기 때문에 같은 나라 안에서 이루어지는 국내거래에서는 필요하지 않고 서로 다른 국가 간의 무역거래에서만 필요하다.

품목에 따라서는 통관이 금지되거나 허가나 승인을 별도로 받아야 하는 경우도 있으므로 사전에 수출국과 수입국 양쪽의 통관규정을 확인해서 대비해야 한다. 또 수입국에서 부과하는 수입관세를 감안하여 가격을 결정해야 한다.

5) 문화와 상관습이 다르다

　해외시장의 큰 특성 가운데 하나는 국내시장과는 다른 문화와 상관습이 있다는 것이다. 이와 같은 차이점 때문에 같은 상품이라도 시장에 따라서 선호가 갈릴 수 있고 디자인이나 색상에 대한 선호도 갈리게 마련이다.

　따라서 해외시장에 성공적으로 진출하기 위해서는 해당 지역의 문화와 상관습을 제대로 이해하고 이에 맞는 마케팅전략을 수립하는 것이 중요하다. 이뿐만 아니라 해외시장의 소비자나 해외거래처를 상대할 때는 해당 지역 또는 국가의 문화와 상관습에 저촉되지 않도록 조심해야 한다.

2장

해외시장분석과
해외마케팅 전략수립

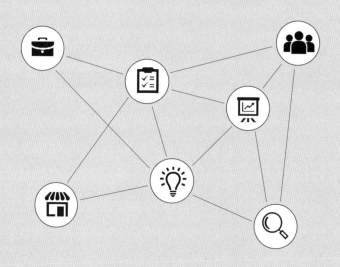

1
해외시장분석

　해외마케팅 전략을 수립하기 위해서는 먼저 해외시장을 정확하게 이해하는 것이 중요하다. 그러기 위해서는 해외시장에 대한 다양한 정보를 수집해서 분석해야 한다. 여기서 다양한 정보란 세계시장의 전체적인 현황과 목표시장에 대한 국가 또는 지역 정보 그리고 취급 품목별로 구체적인 시장정보 등을 의미한다. 해외시장분석의 구체적인 내용은 다음과 같다.

1) 세계시장분석

　해외마케팅 전략을 수립하려면 먼저 전 세계 시장의 현황을 파악해서 분석하고 미래의 시장변화를 예측할 필요가 있다. 세계시장분석은 전 세계 시장을 상대로 마케팅을 펼치기 위해서만 필요한 것이 아니다. 특정 지역이나 국가에 한정해서 마케팅 활동을 벌이는 경우라도 세계시장의 흐름을 전체적으로 파악해두는 것이 바람직하다. 글로벌 경제체제에서 세계 각국의 시장이 서로 연결되어 있기 때문이다.

세계시장의 전체적인 현황을 파악하려면 먼저 영토별, 인구별, GDP별 국가순위를 살펴보고 인종, 종교, 언어 등 다양한 주제별로 해당 국가들의 특징과 현황을 파악해야 한다. 또 북미, 중남미, 동유럽, 서유럽, 아시아, 아프리카, 중동 등으로 구분하여 지역별 특성을 알아보고 국가 간, 지역 간 FTA 체결현황을 파악해서 해당 국가나 지역의 시장에 진출할 때 참고해야 한다.

2) 국가별 시장분석

해외마케팅 전략을 구체적으로 수립하려면 먼저 목표시장을 설정해야 한다. 여기서 목표시장이란 전 세계 시장 중에서 우선 진출할 시장을 뜻한다. 해외시장 진출 초기부터 전 세계 모든 시장에 동시에 진출하는 것이 사실상 불가능하므로 우선 진출할 시장을 선정하는 것은 해외시장 진출의 성패를 좌우하는 중요한 과제다.

목표시장을 선정하기 위해서는 전 세계 시장을 경제발전 단계별, 지역별, 인종별, 종교별, 언어권별로 세분한 뒤 취급품목에 따라 가장 우선적으로 진출할 국가를 선정한다. 목표시장은 단수 또는 복수의 국가가 될 수도 있고 경우에 따라서는 특정 지역을 선정할 수도 있다. 또 장기적 관점에서 목표시장을 단계별로 설정하고 단계별 마케팅전략을 수립할 수도 있다.

목표시장이 선정되면 해당 국가 또는 지역에 관한 다양한 정보를 수집하고 분석해서 마케팅전략을 수립하는 데 활용할 수 있도록 한다. 국가별 시장정보는 가급적 최신 정보를 신뢰할 수 있는 정보통을 통해서 수집하려고 만전을 기해야 한다. 국가별 시장분석에서 다루어야 할 주제는 다음과 같다.

① 개요

영토

영토가 넓다는 것은 그만큼 부존자원이 풍부할 가능성이 크며, 부존자원이 풍부하다는 것은 그만큼 성장가능성이 크다는 것을 의미한다. 특히 산업발달의 기초가 되는 석유나 천연가스 등 에너지 자원의 중요성은 간과할 수 없다.

영토 크기에 비해서 부존자원도 부족하고 산업의 발달이 더딘 경우도 있으나 일반적으로 영토 크기가 미래의 발전가능성과 불가분의 관계가 있다고 볼 수 있다. 따라서 목표시장의 영토 크기와 함께 부존자원의 종류나 보유량, 생산량 등을 확인해둘 필요가 있다.

기후

마케팅전략을 수립하는 데는 목표시장의 기후도 참고해야 한다. 기후에 따라서 소비형태나 상품에 대한 선호도가 달라질 수 있고, 경우에 따라서는 목표시장의 기후에 적합한 모델을 개발해야 하기 때문이다.

계절상품의 경우에는 목표시장의 기후와 더불어 계절의 변화에도 관심을 기울여야 한다. 북반부와 남반부의 계절이 반대인 점을 활용하면 국내시장이 비수기에 접어들더라도 해외시장에서 지속적인 판매를 기대할 수 있다.

인구

장기적으로 봤을 때 인구야말로 시장 크기를 가늠할 수 있는 가장 중요한 지표가 아닐 수 없다. 특히 소비재의 경우, 인구에 비례해서 시장 규모가 커질 수밖에 없다. 물론 시장 규모는 인구 외에도 소득수준이나 소비성향, 유통구조 등에 의해서도 좌우되지만 인구가 차지하는 비중은 절대적이다. 따라서 목표시장의 현재 인구는 물론 출산율, 인구증가율 등을 감안한 미래 인구를 예측해서 장기적인 마케팅전략을 수립해야 한다.

인종

특정국가의 시장을 놓고 볼 때 단순히 총인구만 확인할 것이 아니라 해당 국가의 인종별 인구분포를 살펴보아야 한다. 인종별로 상품에 대한 기호나 상관습이 다를 수 있기 때문이다.

아울러 인종 간의 갈등이나 분리독립 움직임 등이 있는지도 확인하여 장기적으로 시장의 안정성 여부를 판단해야 한다. 인종별 인구분포는 현재 통계자료뿐만 아니라 인종별로 출산율, 인구증가율 등을 확인해서 향후 인구분포의 변화 등을 따져보아야 한다.

언어

해외시장에 진출할 때는 목표시장에서 사용하는 언어도 염두에 두어야 한다. 상표나 브랜드를 만들 때도 현지에서 사용하는 언어의 발음상 문제가 없는지를 따져보아야 하고, 사용설명서도 현지에서 사용하는 언어로 작성해야 한다. 또 현지업체와 영어로 의사소통이 가능한지를 확인하고 불가능한 경우 현지어를 구사하는 인력을 확보하는 등의 조치를 취해야 한다.

종교

어떤 시장이건 종교로부터 자유로울 수는 없다. 종교에 따라 금기시하는 물건이나 상관습이 있을 수 있고 종교의 영향으로 특정시기에 상거래가 활성화되거나 침체될 수도 있다. 또한 종교에 따라 선호하거나 기피하는 색상 또는 디자인 등이 있을 수도 있으므로 상품을 기획하고 디자인할 때부터 목표시장의 종교적 특성이 반영되도록 만전을 기해야 한다.

정치

시장은 정치에 의해서도 영향을 받을 수 있다. 정치제도에 따라 해당 국가의 경제정책이 달라질 수 있기 때문이다. 해외시장에 진출할 때 눈여겨보아야 할 것이 목표시장의 정치가 안정되어 있느냐 하는 것이다.

정치가 불안정한 경우 장기적인 마케팅전략을 수립하기가 어려워질 수도 있다. 정치와 관련해 해당 국가의 정치제도뿐만 아니라 주변국과의 정치적 이해관계까지 살펴보아야 한다. 또 정치적인 이유로 무역거래가 제한되거나 차별대우를 받는 경우가 없는지도 확인해볼 필요가 있다.

기타

이상 열거한 항목 외에도 목표시장의 투자환경, 사회간접자본(도로, 항만, 철도 등), 노무관리제도, 수입규제, 주요 인증제도, 통관제도 등도 확인해 두는 것이 바람직하다.

② 경제상황

GDP

GDP(Gross Domestic Product)는 일정기간 가계, 기업, 정부 등 모든 경제주체가 생산한 재화와 용역의 부가가치 또는 최종생산물을 금액으로 환산하여 합한 것으로서 해당 국가의 경제력을 가늠할 수 있는 대표적 지표이다.

GDP의 크기는 시장의 크기와 불가분의 관계가 있을 수밖에 없으므로 목표시장의 현재 GDP는 물론 최근 몇 년 동안의 GDP 변화 추이, 향후 GDP 전망 및 세계 각국의 GDP 현황 등을 종합적으로 분석할 필요가 있다.

이자율

이자율은 해당 국가의 경기에 직접 영향을 미친다. 이자율이 높으면 기업은 투자를 꺼리게 되고 개인은 소비를 줄이고 저축을 늘리게 되므로 경기는 침체될 수밖에 없다.

반대로 이자율이 낮으면 기업의 투자는 활발해지고 개인의 소비가 늘어나서 경기가 활성화될 수 있다. 따라서 장단기적인 이자율 변화추이를 분석함으로써 목표시장의 경기를 예측하고 마케팅전략 수립에 반영할 수 있다.

실업률

실업률은 해당 국가의 경제적 안정성을 가늠하는 지표로 사용할 수 있다. 실업률이 높다는 것은 그만큼 경제적으로 불안정하다는 뜻이고, 실업률이 낮다는 것은 해당 국가의 경제가 활발하게 운용되고 있다는 뜻으로 해석할 수 있다.

실업률이 높을수록 장기적으로 시장이 침체될 가능성이 크고 정치적으로도 불안정한 상황을 초래할 개연성이 크며 실업률을 떨어뜨리기 위해서 어떤 정책을 수립하느냐에 따라 경제상황이 변할 수도 있음을 염두에 두고 마케팅전략을 수립해야 한다.

환율

무역거래가 대부분 달러화, 엔화, 유로화 등 다른 나라의 통화로 이루어지는 우리나라에서는 해당 통화와의 환율이 가격경쟁력을 좌우하는 중요한 요소로 작용한다. 가격이 같더라도 환율이 오르면 그만큼 가격경쟁력이 높아지고 환율이 내리면 자동으로 가격경쟁력이 낮아지기 때문이다. 따라서 해외시장에 진출할 때 거래에 사용되는 화폐와의 환율을 주의 깊게 살펴보아야 한다. 또 상대 국가 입장에서 제삼국 화폐로 결제해야 하는 경우 상대국 화폐와 결제 화폐와의 환율에 대해서도 지속적으로 모니터링을 해야 한다.

조세제도

해외시장에 직접 진출하는 경우라면 상대국의 조세제도에 대해서도 정보를 충분히 확보해야 한다. 상대국의 조세제도를 반영하여 가격을 결정하고 현지의 판매활동을 조율해야 하기 때문이다. 해외파트너를 통해서 진출하는 경우에도 현지의 조세제도가 간접적으로 영향을 끼칠 수 있으므로 기본적인 내용을 확인해두는 것이 좋다.

③ 상관습

해외시장에 진출하기에 앞서 상대국의 상관습을 확인해두는 것도 중요하다. 상관습의 차이를 이해하지 못해서 낭패를 겪을 수도 있고, 지속적인 거래관계 수립에 실패할 수도 있다. 나라마다 문화적 배경이 다르기 때문에 같은 사안을 놓고도 해석이 다르고 접근방식이 다를 수 있다는 것을 이해해야 한다.

목표시장의 상관습은 현지에서 생활하거나 현지인과 적극적으로 교류하면서 익힐 수 있지만 직접 체험으로 상관습을 익히는 데는 한계가 있다. 따라서 나라별로 무역 관련기관 또는 지역전문가의 도움을 받거나 관련도서, 웹사이트, 멀티미디어자료 등을 활용해서 좀더 다양하면서도 심도 있는 정보를 수집해 분석할 필요가 있다.

3) 품목별 시장분석

목표시장에 대한 분석이 마무리되면 본격적으로 품목별 시장분석에 나서야 한다. 같은 나라라 하더라도 품목별로 시장 상황이 다를 수 있기 때문에 품목이 정해지면 해당 품목에 대한 구체적인 시장분석이 필요하다. 품목별 시장분석에서 살펴보아야 할 주요 항목은 다음과 같다.

① 수입규정
취급품목과 목표시장이 정해지면 해당 품목에 대한 수입규정을 확인해서 대비해야 한다. 우선 해당 국가의 수입규정상 수입이 자유로운지 또는 수입이 금지되거나 제한되는지부터 확인한 후 수입이 제한적으로 허용되는 경우에는 수입 허용 기준과 자격요건 등을 확인해서 대비해야 한다.

② 원산지규정

원산지규정이란 수입품의 원산지에 따라 수입을 금지하거나 제한하기 위한 규정으로, 나라별로 품목에 따라 각기 다른 규정이 적용된다. 따라서 품목이 정해지면 목표시장의 원산지규정상 수입이 금지되거나 제한적으로 허용되는지부터 확인하고 수입이 허용되는 경우에는 원산지표시의무나 원산지증명서 제출의무 등이 있는지를 확인해서 대비해야 한다. 또 원산지를 판단하는 기준도 나라마다 다를 수 있기 때문에 해당 국가의 정확한 원산지 판단기준을 확인해야 한다.

③ 관세율

통관할 때 부과되는 세금이 관세이며 이때 적용되는 세율을 관세율이라고 한다. 관세는 물품의 가격 또는 수량을 기준으로 부과되지만 대부분 가격을 기준으로 부과된다. 해외시장에 진출할 때는 취급품목의 관세율을 확인해서 원가계산에 반영해야 한다.

우리나라에서는 수출할 때는 관세가 부과되지 않으므로 상대방 국가의 관세율만 확인하면 된다. 관세율은 HS CODE(신국제통일상품분류체계)에 따라 결정되므로 취급품목의 정확한 HS CODE를 알고 관세율을 확인해야 한다. 국가별로 품목에 따라 적용되는 관세율은 해당 국가의 통관대리인 또는 관세청 등에서 확인할 수 있다.

④ 유통구조

해외마케팅 전략을 수립할 때는 목표시장의 유통구조에도 관심을 가져야 한다. 해외시장에 직접 진출할 때는 현지법에 따라 직접 판매유통이 가능한지를 확인해야 하며, 해외파트너를 통해서 간접적으로 진출할 때는 해당 현지파트너의 유통방식에 대해 살펴보아야 한다. 또 유통구조가 복잡하거나 유통마진이 클 경우에는 현지시장에서 가격경쟁력이 떨어질 수 있으므로 총유통마진을 감안해서 가격을 책정해야 한다.

⑤ 시장가격

해외판매용 가격을 정하기 전에 먼저 현지의 시장가격을 확인하는 것이 바람직하다. 직접 해외시장에 진출할 때는 현지의 최종소비자가격을 감안하여 판매가격을 책정하고, 해외거래처를 통해서 진출할 때는 최종소비자가격뿐만 아니라 유통단계별 마진을 감안하여 수출가격을 책정해야 한다.

현지의 시장가격은 현지시장에서 직접 확인하거나 여의치 않을 경우 코트라(KOTRA) 등 관련기관에서 운영하는 시장조사 서비스를 통해서 가격정보를 확보할 수 있다.

⑥ 경쟁업체

해외시장에 진출할 때는 현지시장에서 경쟁업체가 누구인지를 확인해서 대비하는 것이 중요하다. 여기서 경쟁자란 현지업체나 외국업체를 불문하고 같은 품목을 놓고 시장에서 경쟁하는 업체를 뜻한다. 경쟁업체에 대한 정보를 확인할 때는 해당 업체가 공급하는 제품의 품질, 디자인, 가격은 물론 유통방식, 사후관리정책까지 철저히 분석해서 비교우위를 점할 수 있는 마케팅전략을 수립하는 것이 바람직하다.

4) 해외시장 정보 수집방법

해외시장 정보는 현지에 직접 출장 가거나 현지 주재 지사원이나 에이전트 등을 통해서 수집할 수 있으나 여의치 않을 경우 인터넷이나 무역 관련기관을 통해서도 양질의 정보를 수집할 수 있다. 해외시장 정보를 수집할 수 있는 소스는 다음과 같다.

① KOTRA

전 세계 각지에서 운영하는 해외무역관을 통해서 수집한 최신정보를 웹사이트(www.kotra.or.kr) 내 해외시장뉴스 메뉴에서 제공한다. 또한 유료로 운영하는 해외시장조사서비스를 이용하면 보다 특화된 시장정보를 입수할 수 있다.

② 한국무역협회

웹사이트(www.kita.net)를 통해서 해외지부에서 수집한 해외경제 통상정보 및 해외시장 마케팅정보를 제공하며, 이와는 별도로 각종 해외매체에 소개된 품목별 시장동향을 실시간으로 제공한다. 산하기관인 국제무역연구원에서는 전 세계 시장에 대한 심층분석 자료를 보고서 형태로 제공한다. 또 지식경제부와 공동으로 운영하는 통합무역정보 서비스인 트레이드나비(http://tradenavi.or.kr)를 통해서 세계 각국의 품목별 관세, 기술규제, 인증정보, 규격정보 등을 제공한다.

③ 한국수출입은행

산하기관인 해외경제연구소 웹사이트(http://keri.koreaexim.go.kr)에서 컨트리리스크, 해외경제투자정보(국가 개황, 투자환경 및 지역산업이슈), 산업·경제분석 등의 정보를 제공한다.

④ 대한상공회의소

웹사이트(www.korcham.net)에서 중국, 베트남, 중동 지역의 경제동향 및 해외유통과 관련한 정보를 제공한다.

⑤ 한국농수산식품유통공사

농수산물무역정보사이트(www.kati.net)에서 농수산식품류에 관한 수출입 동향, 각국의 수입제도, 국가정보, 품목정보, 무역통계 등을 제공한다.

⑥ 글로벌인포메이션

웹사이트(www.giikorea.co.kr)에서 자체 네트워크 및 전 세계 유명 리서치사에서 작성한 고급 시장정보를 유료로 제공하며, 고객 요구에 맞추어 해외시장을 조사·분석하여 정보를 제공하는 맞춤형 시장조사 서비스를 제공한다. 특히 IT, BT, NT 등 첨단 기술 분야의 고급 시장정보 제공에 강점이 있다.

⑦ CIA

웹사이트(www.cia.gov) 내의 THE WORLD FACTBOOK이라는 메뉴에서 세계 각국의 역사, 인물, 정치, 경제, 사회, 군사 등 각 분야의 최신 정보를 제공한다.

⑧ 세계은행

웹사이트(www.worldbank.org)에서 전 세계 각국의 경제지표, 통계자료, 경제전망 등을 제공한다.

2
해외마케팅 이론

해외시장에 대한 분석이 끝나면 본격적으로 해외마케팅 전략을 수립해야 한다. 최선의 해외마케팅 전략을 수립하려면 일반적인 마케팅이론과 해외마케팅에 특화된 마케팅이론을 망라하여 목표시장과 취급품목에 최적화된 전략을 수립하도록 만전을 기해야 한다. 해외마케팅 전략을 수립할 때 활용할 수 있는 마케팅이론은 다음과 같다.

1) SWOT

미국의 경영컨설턴트인 알버트 험프리(Albert Humphrey)가 고안한 기업분석기법으로 기업의 환경을 분석하여 강점(strength), 약점(weakness), 기회(opportunity), 위협(threat) 요인을 찾아내고 이를 토대로 경영전략을 수립하는 기법을 일컫는다.

SWOT분석에 사용되는 4요소 중 강점(strength)과 약점(weakness)은 기업의 내부환경에 기인하고 기회(opportunity)와 위협(threat)은 외부환경에 기인하는 것으로 구분할 수 있다. 따라서 기업의 내부환경을 분석해서 강점과 약점을 찾아내고 외부환경을 분석하여 기회와 위협요인을 찾아내는 것이 SWOT분석의 요체라고 할 수 있다.

SWOT 4요소 분석이 끝나면 이를 토대로 다음과 같은 경영전략을 수립할 수 있다.

- SO전략: 강점을 사용하여 기회를 포착하거나 기회를 포착하기 위해서 강점을 사용하는 전략
- ST전략: 강점을 사용하여 위협을 피하거나 위협을 피하기 위해서 강점을 사용하는 전략
- WO전략: 약점을 보완하여 기회를 포착하거나 기회를 포착하기 위해서 약점을 보완하는 전략
- WT전략: 약점을 보완하여 위협을 피하거나 위협을 피하기 위해서 약점을 보완하는 전략

SWOT분석은 기업경영전략을 수립할 때뿐만 아니라 다양한 분야에서 일반론적인 분석기법으로 광범위하게 사용되며 해외마케팅 전략을 수립하는 데도 유용하게 사용할 수 있다. 해외마케팅 전략을 수

립하기 위해 분석해야 할 SWOT 요소별 주요 내용은 다음과 같다.

- 강점(strength): 경쟁상품과 비교했을 때 성능, 디자인, 가격 등에서의 경쟁력 우위, 신기술 개발, 해외판매유통망의 확립, 유력 해외파트너와의 제휴, 적극적 해외홍보, 해외마케팅 전문인력의 확보
- 약점(weakness): 경쟁상품과 비교했을 때 성능, 디자인, 가격 등에서의 경쟁력 열세, 해외판매 유통망의 미비, 해외파트너의 판매유통능력 미흡, 해외홍보의 어려움, 해외마케팅 전문인력의 부족
- 기회(opportunity): 상대국의 시장개방, 상대국과의 정치관계 개선, FTA 체결로 인한 관세부담 경감, 한류 붐에 따른 국가인지도 상승, 수요가 공급초과, 경쟁업체의 마케팅 실패, 원화가치 하락(환율절상), 상대국의 화폐가치 상승, 경쟁국의 화폐가치 상승
- 위협(threat): 상대국의 수입규제, 개발도상국의 저가품 공세, 현지상품 경쟁력 강화, 경쟁업체의 공격적 마케팅, 유가인상에 따른 운송비 부담증가, 공급의 수요초과, 원화가치 상승(환율절하), 상대국의 화폐가치 하락, 경쟁국의 화폐가치 하락

이상 분석한 내용을 바탕으로 강점은 살리고 약점은 보완해서 기회를 포착하고 위협을 회피할 수 있는 마케팅전략을 수립하는 데 주력해야 한다. 4대 요소 분석에 입각한 해외마케팅 전략수립의 예를

들면 다음과 같다.

- SO전략: 신기술(strength)을 무기로 삼아 상대국의 시장개방 (opportunity)에 적극 대처한다. 경쟁업체가 마케팅에 실패한 틈 (opportunity)을 타서 최신 디자인(strength)의 상품을 출시한다.
- WO전략: 국가인지도가 상승한 것(opportunity)을 기회로 삼아 그동안 미흡했던 해외홍보(weakness)를 강화한다. 가격경쟁력 (weakness) 회복에 주력하여 상대국의 화폐가치 상승(opportunity) 에 따른 수출증대 기회를 놓치지 않는다.
- ST전략: 제품의 뛰어난 성능(strength)을 더욱 업그레이드하여 경 쟁업체의 공격적 마케팅(threat)에 대처한다. 현지상품의 경쟁력 강화(threat)에 대처하기 위해서 그동안 적극적으로 펼쳤던 해외 홍보(strength)를 더욱 강화한다.
- WT전략: 유가상승에 따라 운송비 부담이 늘어나는 것(threat)을 극복하기 위해서 제품의 가격경쟁력(weakness)을 회복하는 데 주 력한다. 취약한 해외마케팅조직(weakness)을 보강하여 개발도상 국의 저가품 공세(threat)에 대처한다.

2) STP

STP란 다양한 고객들의 욕구를 감안하여 특정시장에 대한 맞춤형 마케팅전략을 수립하기 위해서 시장을 세분화(segmentation)하고 목표시장을 선정(targeting)해서 자사제품의 차별성을 고객들의 마음속에 자리 잡게(positioning)하는 3단계 전략을 뜻한다. 그 구체적인 내용은 다음과 같다.

① Segmentation(시장세분화)

전체 시장을 연령, 지역, 학력, 소득수준, 성별, 결혼 여부, 직업, 라이프스타일 등 다양한 기준으로 분류하는 것

② Targeting(목표시장 선정)

세분화된 시장 중에서 자사의 강점과 약점, 경쟁상태 등을 고려하여 우선 공략할 시장을 선정하는 것. 목표시장은 단수로 선정할 수도 있고 복수의 시장을 선정하여 동시에 공략할 수도 있으며, 단계별로 공략할 복수의 시장을 정해서 순차적으로 공략할 수도 있다.

③ Positioning(포지셔닝)

목표시장을 공략할 때 자사제품과 브랜드의 차별성이 고객의 마음속에 자리 잡도록 하는 것. 성공적으로 포지셔닝하기 위해서는 자

사의 장단점뿐만 아니라 고객의 니즈 및 경쟁사의 장단점을 정확하게 분석해서 자사제품과 브랜드의 차별성을 찾아내는 것이 중요하다. 한 차례 포지셔닝에 만족하지 말고 시장변화에 따른 재포지셔닝에도 관심을 가져야 한다.

STP는 국내시장에서 새로운 브랜드를 도입하거나 신제품을 출시할 때 유용한 마케팅기법이지만 해외시장에 진출할 때 초기 마케팅 전략을 수립할 때도 효과적으로 활용할 수 있다. STP를 활용하여 해외마케팅 전략을 수립하기 위한 구체적 방안은 다음과 같다.

① Segmentation(시장세분화)

해외마케팅은 국내마케팅보다 훨씬 더 다양하고 광범위한 시장을 대상으로 하기 때문에 시장을 세분하는 기준도 좀더 다양하게 정할 수 있다. 즉 국내마케팅에서처럼 전 세계 시장을 고객의 연령, 학력, 소득수준, 성별, 결혼 여부, 직업, 라이프스타일 등에 따라 세분할 수 있다. 개별국가 또는 지역의 지정학적 위치, 기후, 인종, 언어, 종교, 정치제도, 경제발전 단계 등에 따라 세분할 수도 있으며, 개별국가 또는 지역의 고객별 특성에 따라 세분할 수도 있다.

다만 단순히 국가를 기준으로 마케팅전략을 수립하는 경우에는 시장 세분화 과정을 거치지 않고 바로 목표시장을 선정하기도 한다.

② Targeting(목표시장 선정)

국내마케팅과 마찬가지로 해외마케팅에서도 자사의 장단점과 경쟁상태 등을 고려하여 우선적으로 공략할 목표시장을 선정해야 한다. 목표시장 선정의 기준이 국가인 경우에는 해당 국가의 위치, 기후, 인구, 인종, 언어, 종교, 정치제도 등 기본적 국가정보 외에도 경제지표나 상관습, 취급품목의 현지시장 상황 등을 충분히 감안하여 목표시장을 선정해야 한다. 또 유망시장이더라도 경쟁이 치열할 때는 목표시장 선정을 포기하고 경쟁이 치열하지 않은 틈새시장을 목표시장으로 선정할 수도 있다.

③ Positioning(포지셔닝)

해외시장에서 자사제품의 차별성을 부각하기 위해서는 현지상품뿐만 아니라 전 세계에서 공급되는 경쟁상품을 분석해서 자사제품의 장점을 개발하고 이를 효과적으로 홍보하기 위한 전략을 수립해야 한다. 또 해외시장의 특성상 새로운 상품이 자리 잡기까지 시간이 많이 소요되는 점을 감안하여 단기적 전략뿐만 아니라 장기적 포지셔닝전략을 동시에 추진할 필요가 있다.

3) 4P

4P란 product, price, place, promotion의 약자로, 마케팅을 효과적으로 하기 위한 네 가지 핵심요소를 뜻한다. 마케팅 효과를 극대화하기 위해 이들 핵심요소들을 전체적으로 균형 있게 조정하고 구성하는 것을 마케팅믹스(marketing mix)라고 한다. 4P의 구체적인 내용은 다음과 같다.

① product(제품)

마케팅 대상인 제품의 규격, 품질, 색상, 디자인, 브랜드, 포장 등 외형적 특징과 사후관리, 애프터서비스와 보증기간 등과 같은 서비스를 포함하며 경쟁상품과 비교하여 제품 및 서비스를 어떻게 차별화하느냐에 따라 마케팅의 성패가 갈릴 수 있다.

② price(가격)

유통단계별 가격, 최종소비자가격, 결제방법, 할인정책, 할부프로그램 등 제품의 가격 및 가격정책을 포함하며 마케팅 효과를 극대화하기 위해서 가격과 가격정책을 어떻게 정할지를 결정해야 한다. 가격 및 가격정책은 판매극대화, 이윤극대화, 경쟁업체 견제 등 다양한 마케팅 목표 중에서 무엇을 먼저 추구할 것이냐에 따라 달라질 수 있다.

③ place(유통)

제품이 유통되는 장소나 지역 같은 공간적 개념과 유통구조 및 유통경로에 따른 제품의 이동 등을 망라한 개념으로, 마케팅을 성공적으로 하기 위해서는 제품을 효율적이고도 원활하게 유통하기 위한 유통망의 구축과 관리가 필수적이다.

④ promotion(판매촉진)

홍보, 광고, 후원, 행사 등 제품을 소비자에게 알리기 위한 활동이나 각종 홍보물, 마일리지제도, 경품 등과 같은 판매촉진 도구를 뜻하며 신규시장에 진입하거나 기존시장의 점유율을 높이기 위해서는 효과적인 판매촉진 전략을 구사하는 것이 중요하다.

4P는 마케팅전략을 수립할 때 기초가 되는 핵심요소로서 해외마케팅 전략을 수립할 때도 4P에 근거한 마케팅믹스의 활용이 필수적이다. 해외마케팅 전략을 수립할 때 분석해야 할 4P의 구체적인 내용은 다음과 같다.

① product(제품)

해외시장에 출시할 제품의 규격, 품질, 색상, 디자인, 브랜드, 포장등 외형적 특징과 사후관리, 애프터서비스와 보증기간 등과 같은 서비스를 포함한다. 해외시장을 대상으로 하는 만큼 현지소비자의 기호를 충족할 수 있고 전 세계 경쟁업체 제품들과 차별화할 수 있는 제품과 서비스를 개발해야 한다.

② price(가격)

직접 해외시장에 진출할 때는 현지시장에서의 유통단계별 가격과 최종소비자가격, 결제방법, 할인정책, 할부프로그램 등을 정해야 한다. 해외거래처를 통해서 진출할 때는 해외거래처와의 거래가격, 결제방식을 정해야 한다. 해외시장에 성공적으로 진출하기 위해서는 현지의 가격동향은 물론 세계 각국에 있는 경쟁업체들의 가격과 가격정책을 충분히 고려하여 가격과 가격정책을 정해야 한다.

③ place(유통)

해외시장에 진출할 때는 우선 제품을 현지시장에서 직접 유통할지를 결정해야 한다. 직접 유통할 경우에는 현지에서 유통망을 확보하고 직접유통에 따르는 물류시스템을 구축해야 한다. 현지에서 직접 제품을 유통할 수 없는 경우에는 현지유통망을 확보한 해외파트너와 제휴하거나 현지유통에는 전혀 관여하지 않고 제품 수출에만 집중할 수도 있다.

④ promotion(판매촉진)

해외시장에 직접 진출할 경우에는 현지에서의 홍보, 광고, 후원, 행사 등을 기획해서 실행하고 소비자에게 제공할 홍보물, 마일리지제도, 경품 등을 준비한다. 해외파트너를 통해서 진출할 경우에는 해외파트너를 대상으로 한 홍보 및 해외파트너의 현지홍보활동을 지원하기 위한 방안(브로셔 제공 등)을 수립한다.

4) 현지화전략

해외마케팅에서 현지화전략이란 상품기획에서 판매유통 및 사후관리에 이르기까지 전 과정에서 현지특성을 최대한 반영해 마케팅효과를 극대화하기 위한 전략을 뜻한다. 해외시장의 특성상 현지의 지형, 기후, 언어, 종교, 소득수준, 문화 및 상관습 등에 따라 소비자의 기호가 천차만별이어서 목표시장의 특성을 정확히 파악해 현지소비자의 기호에 어필할 수 있는 마케팅전략을 수립하는 것이 중요하다. 현지화전략을 수립할 때 반영해야 할 대표적인 항목은 다음과 같다.

① 지형

지형에 따라 소비자의 기호가 다를 수 있으므로 현지지형에 적합한 성능이나 디자인을 개발해야 한다. 특히 산악지대, 사막지대, 섬과 같은 특수한 지형에서는 일반적인 지형을 기준으로 개발한 제품의 성능이나 디자인이 적합하지 않을 수도 있으므로 현지의 지형적 특성을 감안한 성능이나 디자인 개발을 능동적으로 검토할 필요가 있다.

② 기후

제품의 성능이나 디자인을 개발할 때는 현지기후도 충분히 감안해야 한다. 목표시장이 혹한지대나 다습한 지역이거나 사막지대처럼 건조한 지역인 경우에는 현지의 기후 특성을 감안한 성능 및 디자인을 개발함으로써 소비자의 불편을 최소화하고 제품의 수명을 연장하며 유지관리가 편리하도록 해야 한다.

③ 언어

제품의 명칭이나 모델명, 브랜드를 현지인들에게 친숙한 어감을 줄 수 있도록 지음으로써 마케팅 효과를 극대화할 수 있다. 반대로 현지에서 사용하는 언어의 발음이나 의미상 문제가 있는 작명은 피한다. 또 제품을 포장하거나 사용설명서 등을 제작할 때 가급적 현지어를 사용하여 소비자들에게 불편함이 없도록 한다.

④ 종교

상품을 기획하고 마케팅을 수행하는 과정에서 현지의 종교적 배경을 이해하고 어필할 수 있는 방안이 있는지를 검토하고 현지의 종교에서 금기시하거나 문제가 될 만한 디자인이나 광고 콘텐츠가 있는지 확인한다. 또 성탄절 등 종교와 관련된 특수를 겨냥한 제품개발에도 관심을 기울일 필요가 있다.

⑤ 소득수준

고가정책을 채택하거나 저가모델을 개발하는 등 현지인의 소득수준에 맞는 마케팅전략을 수립하고 동일국가 내에 존재하는 빈부차이를 감안하여 소득수준별로 다양한 상품을 구비하여 시장의 저변을 넓히는 데도 신경 쓴다. 또 현재의 소득수준뿐만 아니라 향후 예상되는 소득수준의 변화에 맞추어 장기적인 마케팅전략을 수립한다.

⑥ 문화 및 상관습

목표시장의 문화적 특징 및 상관습을 면밀히 분석해서 현지인 정서에 어필할 수 있는 마케팅전략을 수립한다. 현지의 문화 및 상관습에 대한 철저한 분석이야말로 현지화전략의 요체라 할 수 있다. 제품을 기획할 때부터 최대한 현지의 문화와 상관습이 반영될 수 있도록 만전을 기함으로써 현지시장에서 좀더 쉽게 뿌리내릴 수 있게 한다.

5) 기타 마케팅기법

마케팅이론에는 위에서 살펴본 이론 외에도 다양한 마케팅기법이 등장한다. 그중 해외마케팅에 활용할 수 있는 마케팅기법을 소개한다.

① 컬러마케팅

색상을 활용하는 마케팅기법으로 제품 자체의 색상 및 브랜드를 비롯한 이미지색상을 결정할 때 소비자의 기호를 최대한 반영함으로써 판매를 극대화하는 것을 목표로 한다. 해외마케팅의 경우 상대방 국가의 상징색이라고 할 수 있는 국기의 색상을 활용하는 것이 무난하지만 국기색상과 상관없이 현지에서 선호하는 색상을 채택하기도 한다. 국가별 기호와 상관없이 성별, 연령대별, 지역별, 계절별로 선호색상을 선정할 수도 있다.

② 숫자마케팅

숫자를 활용하는 마케팅기법으로 제품명에 숫자를 포함시키거나 숫자를 활용한 프로모션을 통해서 마케팅 효과를 극대화하는 것을 뜻한다. 해외마케팅에서는 현지에서 선호하는 숫자를 제품명에 포함시키거나 현지에서 특별한 의미가 있는 숫자를 활용한 광고나 프로모션을 활용하는 방안을 마케팅전략에 포함시킬 수 있다. 또 현지에서 금기시하는 숫자가 있는 경우 프로모션에서 제외하도록 유의한다.

③ 문화마케팅

각종 문화예술을 활용하는 마케팅기법으로 다양한 문화예술행사를 주최하거나 후원함으로써 기업과 제품의 이미지를 높이고 궁극적으로 판매증진에 기여하도록 하는 마케팅방식이다.

해외마케팅의 경우 현지에서 다양한 문화예술행사를 주최하거나 후원함으로써 브랜드이미지를 높이고 소비자들의 관심을 끌어 마케팅 효과를 높일 수 있다. 주최하거나 후원할 문화예술행사를 선정할 때는 현지의 문화수준을 감안하고 현지에서 거부감이 있는 행사가 선정되지 않도록 조심한다.

④ 한류마케팅

한류를 마케팅에 활용하려면 한류 붐이 일고 있는 지역 또는 국가를 대상으로 하는 해외마케팅에 적극적으로 활용할 필요가 있다. 한류마케팅의 구체적 방법으로는 한류드라마나 음악행사를 후원하고 한류스타를 광고모델로 기용하며 한류를 활용한 각종 프로모션을 기획하는 것 등을 들 수 있다. 특히 가공식품, 화장품, 의류, 액세서리 등과 같은 상품의 판매를 촉진하려면 한류를 적극 활용할 필요가 있다.

⑤ 스포츠마케팅

스포츠를 활용하여 마케팅을 활성화하는 것으로, 유명 스포츠스타나 경기를 후원함으로써 브랜드 홍보효과를 극대화할 수 있다. 해외마케팅의 경우 야구, 축구, 골프, 테니스 등 인기스포츠 경기나 팀을 후원하거나 유명 프로선수를 광고모델로 활용함으로써 제품의 인지도를 단기간에 끌어올리고 브랜드이미지를 높임으로써 마케팅 효과를 극대화할 수 있다. 후원할 팀이나 광고모델로 기용할 선수를 선정할 때는 세계적 지명도보다 현지인의 선호도를 최우선으로 감안하여 결정한다.

3
해외마케팅 전략수립

앞서 살펴본 다양한 마케팅이론과 기법을 활용하여 실제로 해외마케팅 전략을 수립하는 과정을 살펴보자. 여기에 소개하는 내용은 실제 상황이 아니며 해외마케팅 전략수립 과정을 보여주기 위한 가상의 내용임을 밝혀둔다.

가정용 전자제품을 생산하는 미래전자에서는 내수시장 판매만으로는 성장에 한계가 있다고 판단하고 해외시장에 진출할 방안을 모색하기로 하였다. 우선 인터넷과 무역 관련기관을 활용하여 전 세계 시장에 대한 정보를 수집하고 이를 분석하는 한편, 자사제품의 특성과 장단점을 파악하여 다음과 같은 해외마케팅 전략을 수립하였다.

1) SWOT

Strength	자체기술로 개발한 최첨단기능 탑재, 전력소모율 최저 실현, 세련된 디자인, 다양한 색상, 잔고장 없음, 해외시장 진출에 대한 강렬한 의지
Weakness	중국산 제품과 비교했을 때 가격경쟁력 열세, 세계적 유명 브랜드에 비해서 인지도 열세, 해외마케팅 전문인력 부족
Opportunity	FTA 타결국 진출 시 관세혜택, 경쟁국인 일본 엔화의 강세기조, 한류 붐에 따른 국가인지도 상승
Threat	전 세계적인 경기침체로 인한 소비위축, 유가상승에 따른 운임상승, 중국산 저가제품의 가격공세, 세계적인 유명 브랜드의 공격적 마케팅

2) STP

Segmentation	전 세계 시장을 지역별, 국가별로 세분하고 지역별로 주요 국가의 가정용 전자제품 시장정보 분석
Targeting	세계 최대 시장인 미국과 가정용 전자제품의 수요가 급증하고 있는 중국시장에 우선 진출하기로 하고 양국 시장의 가정용 전자제품의 수요 및 소비형태, 경쟁제품 및 인기모델 조사
Positioning	미국과 중국 시장에서 통할 수 있는 특화된 모델 개발, 미국시장에는 세계적 유명 브랜드와의 경쟁을 피하고 초기 시장진입을 용이하게 하기 위해 중저가 모델개발, 중국시장에서는 현지제품과의 가격경쟁을 피하고 고소득층에 특화된 마케팅을 펼치기 위해서 고급모델 개발, 가격대비 우수한 품질과 디자인, 잔고장이 없다는 사실을 장점으로 내세우고 중국에서 위세를 떨치고 있는 한류를 최대한 활용하여 브랜드이미지를 높임

3) 4P

Product	목표시장별로 특화된 모델개발, 해외시장의 특성상 애프터서비스에 대한 소비자 우려를 감안하여 잔고장이 없는 제품개발에 총력을 기울임, 현지인의 기호에 맞는 디자인 개발
Price	미국시장에서는 유명업체와의 경쟁을 피하기 위해서 저가정책을 수립하고 현지소비자들을 위한 다양한 할인프로그램을 운영. 중국시장에서는 고소득층을 겨냥한 고가정책을 수립하고 중국 바이어와 상담할 때 할인 여지를 남겨두며 주문량에 따라 차등가격 적용
Place	미국시장에는 현지판매법인을 설립하여 현지법인으로 하여금 제품을 수입해 대리점을 통해서 판매토록 하는 한편 온라인판매망을 구축하여 직접 소비자들에게 판매, 진출 초기에 한인들이 많이 사는 로스앤젤레스, 뉴욕 지역을 거점시장으로 선정하여 집중적인 마케팅. 중국시장에는 현지 유력 수입판매상을 통해서 간접적으로 진출, 현지수입판매상 선정 시 현지에서 유통망과 유통방식에 문제가 없는지 확인
Promotion	미국시장에서 소비자를 대상으로 하는 다양한 프로모션(판촉물 제공, 특별할인 및 무이자 할부프로그램, 중고품 보상판매 등) 시행. 신문, 잡지를 통한 매체광고 실시, SNS를 활용한 홍보. 중국 현지수입상을 상대로 적극적인 마케팅, 독점공급 계약조건으로 연간 판매의무량 책정, 중국어로 제품소개서와 설명서를 제작하여 현지수입상에게 무료로 제공

4) 기타

현지화전략	목표시장별로 특화된 마케팅전략을 수립하기 위한 방안의 하나로 현지시장의 특성을 최대한 반영해 현지화전략 수립. 미국시장에서는 실용주의에 입각하여 가격대비 고성능의 제품 개발, 영어로 발음하기 쉬운 브랜드명 개발, 미국의 전기시스템에 맞는 제품개발. 중국시장에서는 화동, 화북, 화남 등 지역별로 소득수준이나 소비행태에 차이가 있음을 감안하여 지역별로 특화된 마케팅전략 수립, 금을 좋아하는 중국인에게 어필하기 위해 제품에 금장식부착, 브랜드를 한자로 표기할 때 발음이나 의미상 문제가 없는지 확인, 제품설명서 중국어로 제작
한류마케팅	중국의 한류 붐을 감안하여 중국에서 인기 있는 한류스타를 모델로 기용하여 제품 포장박스에 사진부착, 한류드라마에 간접광고, 중국 수입판매업자와 협의하여 한류스타를 모델로 하는 홍보물 제작, 매체광고, 한류콘서트를 후원함으로써 브랜드이미지 제고
컬러마케팅	미국시장을 겨냥하여 미국의 국기색상인 청색과 적색을 활용해 제품을 디자인하고, 중국시장에는 중국에서 인기 있는 황금색상의 제품개발
숫자마케팅	미국인이 13이라는 숫자를 기피하는 것을 감안하여 미국에서 출시하는 제품의 제품명 및 모델번호에서 13을 배제. 중국시장에서 출시하는 제품의 제품명 및 모델번호에는 중국인이 선호하는 숫자인 8자를 포함시키는 방안 강구
문화마케팅	중국 수입판매업자와 협의하여 중국에서 인기 있는 문화행사를 후원함으로써 브랜드이미지를 높일 수 있는 방안 모색
스포츠마케팅	미국에서 인기 있는 야구나 미식축구의 경기장에 광고판을 설치하는 방안 검토

3장

현지마케팅

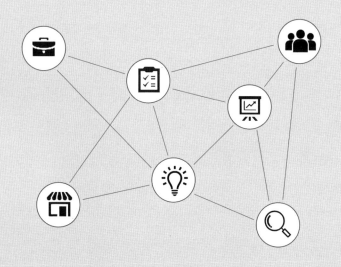

현지마케팅이란 해외시장에 직접 진출해서 최종소비자를 상대로 마케팅 활동을 펼치는 것을 뜻한다. 현지시장의 특성을 감안한 마케팅전략을 기획하고 현지의 소비자들을 상대로 직접마케팅 활동을 펼침으로써 마케팅 효과를 극대화할 수 있으나 자본이나 조직의 뒷받침이 있어야 하고 직접 진출에 따르는 위험을 감수해야 한다.

현지마케팅을 성공적으로 펼치기 위해서는 먼저 현지에서 판매 및 유통을 주관할 현지법인을 설립하고 현지판매유통망을 구축한 다음 제품홍보와 판촉에 나서야 한다. 이와 관련한 구체적인 내용은 다음과 같다.

1
현지법인의 설립

1) 현지법인의 개요

국내기업이 운영하는 해외지사는 지점, 지사, 출장소, 사무소, 지부, 주재소, 현지법인 등으로 호칭하나 외국환거래법에서는 해외지점과 해외사무소로 구분한다.

해외사무소는 영업활동은 하지 않고 업무연락, 시장조사 등 비영업적 기능만 수행할 수 있으나 해외지점은 독립채산제에 따라 영업활동이 가능하고 주재국의 법률에 따라 법인격을 갖춘 협지법인의 형태로 운영된다. 따라서 해외에서 직접 물품을 판매하려면 영업활동이 가능한 현지법인을 설립해야 한다.

현지법인은 100% 독자출자법인과 현지업체와의 합자법인으로 나뉜다. 합자법인은 현지 법규상 외국기업이 100% 출자하는 법인 설립이 허용되지 않는 경우나 현지업체의 자본이나 조직, 판매망을 활용하는 것이 유리한 경우에 설립한다.

2) 현지법인 설립절차

현지법인의 설립절차는 다음과 같다.

- 사업성 분석 및 사업계획 수립
- 현지정부의 외국인투자허가 취득(필요시)
- 해외직접투자신고 및 신고(지정거래외국환은행)
- 투자자금조달(한국수출입은행 해외투자금융)
- 해외투자보험부보(한국무역보험공사)
- 투자자금 송금
- 주재원 파견
- 사업개시

3) 주요 국가별 현지법인 설립절차

미국, 일본, 중국 등 우리나라의 주요 교역상대국의 현지법인 설립
절차는 다음과 같다.

① 미국의 현지법인 설립절차

- 회사의 규모 및 성격 결정

- 회사명 선택

- 주정부 등록

- 필요한 면허 또는 허가 신청

- 해당 지역(시, 카운티) 관청에 d.b.a(doing business as) 증명서 제출

- 미연방정부에 EIN(Employment Identification Number) 신청

- 주정부에 세금신고

② 일본의 현지법인 설립절차

- 일본상법에 따라 주식회사, 유한회사 선택

- 정관작성

- 정관인증

- 주식납입

- 설립등기

- 관공청에 설립신고

- 은행에 회사명의 계좌 개설

③ 중국의 현지법인 설립절차

- 투자형태(독자 또는 합자) 결정

- 합자 시 파트너 선정

- 협의서 체결
- 항목건의서 비준
- 사업타당성 검토보고서 비준
- 계약, 정관 비준 및 비준증서 발급
- 공상등기
- 외환등록
- 조직기구코드, 은행계좌, 세무등기, 세관등록, 재정등록, 통계
  등록

2
현지유통망의 구축

현지시장에서의 유통은 수입-도매-소매 3단계로 이루어지며 경우에 따라서는 도매를 생략하고 수입-소매 형태로 이루어지기도 한다. 현지유통망을 구축하려면 먼저 현지의 유통형태 및 외국기업의 진입허용 여부를 감안하여 어느 단계까지 직접 참여할지 정하고 유통단계별로 최적화된 유통망 구축전략을 수립해야 한다. 유통단계별 유통망 구축방법은 다음과 같다.

1) 수입

현지마케팅을 펼치기 위한 첫 번째 단계는 현지에서 물건을 수입하는 것이다. 현지에서 물건을 수입하기 위해서는 현지의 수입통관 규정상 별도의 허가나 승인이 필요한지를 확인하고 현지법인 또는 수입대행업체 명의로 수입통관을 진행한다. 이때 본사와 현지법인 사이의 거래라 하더라도 정식으로 계약서를 작성해서 회계 및 세무 절차상 문제가 없도록 한다.

결제방식은 본사와 현지법인 간의 거래임을 감안하여 D/A 방식을 사용하는 것이 편리하다. D/A 방식의 거래에서 본사는 현지법인과 D/A 계약을 체결하고 물건을 선적한 후 은행을 통해서 선적서류를 발송한다. 한편 현지법인은 은행으로부터 선적서류를 인수해서 물건을 찾은 후 D/A 계약서에 명시한 대로 일정기간 후에 은행을 통해서 물품대금을 결제하면 된다.

2) 도매

수입한 물건은 현지법인에서 직접 소매상에게 공급할 수도 있고 현지법인에서는 수입만 하고 소매상을 상대하는 것은 현지도매상에게 맡길 수도 있다.

현지법인에서 직접 소매상에게 공급할 경우에는 지역별로 취급점을 선정하여 공급계약을 체결하고, 현지도매상을 통해서 소매상에게 공급할 때는 상대하는 소매상이 겹치지 않도록 지역별 또는 소매상별로 담당도매상을 지정해주는 것이 바람직하다.

도매상에 판매할 가격을 결정할 때는 도매가격과 소매가격을 감안하여 도매상에게 적정마진이 돌아갈 수 있도록 배려하고 현지의 상거래관습을 감안하여 도매상에게 적정수준의 신용거래를 허용하고 채권관리에 만전을 기한다.

3) 소매

일반상품거래에서 현지법인이 소매에까지 직접 참여하는 것은 현실적으로 어려움이 많다. 생소한 시장에서 소매점을 운영하고 관리하는 데 따르는 리스크도 크고, 현지법규상 외국기업이 소매업종을 운영하는 데 대한 규제에 직면할 수도 있다.

따라서 현지시장에서의 소매는 가급적 현지업체에게 맡기는 것이 바람직하지만 취급품목의 특성상 최종소비자를 직접 상대할 수 있거나 온라인쇼핑몰 등을 통한 소매가 가능한 경우에는 직접 소매에 참여하는 방안을 검토해볼 만하다.

3
제품홍보 및 판촉

현지마케팅의 효과를 극대화하기 위해서는 다음과 같은 다양한 방법을 활용하여 제품을 홍보하고 판매를 촉진해야 한다.

1) 매체광고

신문, 잡지, 라디오, 텔레비전, 인터넷, 옥외광고판 등 다양한 광고 매체(advertising media)를 통해서 기업 또는 제품을 광고하는 것이다. 매체별 특성을 감안하고 현지소비자의 기호를 최대한 반영한 광고 안을 기획하는 것이 중요하다. 매체별 특성 및 광고전략은 다음과 같다.

① 신문

비교적 차분하게 구독할 수 있는 매체의 특성상 기업 또는 제품을 자세히 소개한다는 장점이 있는 반면, 지면에 따라 광고효과가 엇갈리고 독자의 시선을 끌지 못하면 광고효과를 기대할 수 없다는 단점이 있다. 따라서 광고효과를 철저하게 분석하고 독자의 시선을 끌 수 있는 참신한 광고안을 기획하는 데 만전을 기해야 한다.

광고를 게재할 신문을 선정할 때는 판매부수 외에도 해당 제품을 광고하는 데 적합한지를 감안하여 결정한다.

② 잡지

광고가 가장 오랫동안 노출될 수 있는 매체이므로 시한이 정해진 광고보다는 언제 보아도 광고효과를 기대할 수 있도록 지속성 있는 광고안을 기획하는 것이 바람직하다. 광고를 게재할 잡지를 선정할 때는 품목에 따라 해당 제품의 소비자들이 주로 구독하는 잡지를 고르고 신문광고와 병행함으로써 광고효과를 높일 방안을 검토한다.

잡지의 경우 광고면이 많아서 독자들의 시선을 끌기가 어려운 점을 감안하여 독자들의 시선을 끌 만한 광고안을 마련하는 데 주력한다.

③ 라디오

청각에만 호소할 수 있는 매체임을 감안하여 광고를 지속적으로 노출해서 기업이나 제품의 이름이나 브랜드, 슬로건 등이 소비자들에게 친숙해질 수 있도록 광고안을 기획한다. 광고효과를 좀더 기대하기 위해서 CM송을 활용하는 방법도 검토해볼 만하다.

시간대나 프로그램에 따라 청취자의 분포가 다양하므로 제품에 맞는 시간대와 프로그램을 선정한다. 또 자동차 운전자들이 많이 청취한다는 점을 감안하여 자동차 관련제품 등 자동차 운전자들에게 어필할 수 있는 제품을 광고하는 데 활용한다.

④ 텔레비전

광고효과가 가장 큰 매체이나 광고시간 대비 광고비가 비싸므로 짧은 시간 안에 원하는 메시지를 효과적으로 전달할 수 있는 광고안을 기획하는 것이 중요하다.

그러기 위해서는 영향력 있는 광고모델을 선정하고 시청자들의 시각과 청각을 동시에 만족시킬 수 있도록 비주얼뿐만 아니라 배경음악에도 신경 써야 한다. 또 방영시간대나 프로그램에 따라 광고효과의 차이가 크므로 예산이 허락하는 한도 안에서 최선의 시간대와 프로그램을 선정한다.

⑤ 인터넷

인터넷 웹사이트를 활용하는 광고기법으로, 웹사이트 종류나 광고안에 따라 광고효과의 편차가 크다. 사전조사를 충분히 해서 광고효과가 큰 웹사이트를 선정하고 사용자들의 시선이 오래 머물지 않는 인터넷의 특성을 감안하여 시선을 끌 수 있는 인상적인 광고콘텐츠를 제작하도록 해야 한다. 또 현지의 인터넷 사용환경 및 현지인들의 인터넷 사용행태를 감안하여 광고안을 마련한다.

⑥ 옥외광고

옥외광고판이나 네온사인, 포스터, 교통수단 등을 활용하는 광고기법으로, 지속적으로 노출해서 기업의 이미지나 제품의 브랜드를 홍보하는 데 효과적으로 활용할 수 있다. 광고장소나 방법에 적합한 광고안을 기획하고 현지에서 옥외광고에 대한 규제가 없는지를 확인해야 한다. 지나가는 사람들의 시선을 끌어야 하는 옥외광고의 특성상 디테일한 홍보보다는 기업 이미지나 상품명을 홍보하는 데 주력하는 것이 좋다.

2) SNS 홍보

페이스북, 트위터 등 소셜네트워크서비스(social network service)에 기업 또는 제품의 계정을 개설해서 홍보활동을 펼치는 것으로 해당 계정을 통해서 기업 또는 제품에 대한 다양한 정보를 제공하고 각종 이벤트를 실시해 기업 또는 제품의 홍보효과를 극대화할 수 있다.

나라마다 SNS 이용자 수나 이용형태가 다르므로 현지의 SNS 사용 현황을 감안하여 사용자들에게 어필할 수 있는 홍보안을 마련한다.

3) 문화마케팅

현지에서 개최되는 각종 문화예술행사를 후원하거나 고객들을 문화예술행사에 초대함으로써 기업 또는 브랜드의 이미지를 높이는 도구로 활용할 수 있다. 또 현지에서 인기 있는 한류드라마나 음악행사를 후원함으로써 브랜드를 홍보하고 기업의 이미지를 높일 수 있다. 문화마케팅을 기획할 때는 현지의 문화적 배경을 충분히 감안하고 현지인들의 반감을 살 만한 행사는 배제하는 것이 바람직하다.

4) 스포츠마케팅

현지에서 인기 있는 스포츠 경기나 팀 또는 선수들과 후원계약을 체결하고 경기장 또는 선수들이 사용하는 스포츠용품에 브랜드를 홍보함으로써 광고효과를 극대화할 수 있다.

나라마다 인기 있는 스포츠가 다르고 경기종목에 따라 마케팅 방법이 달라질 수 있으므로 현지의 스포츠 선호도를 조사해서 최적의 마케팅전략을 수립한다. 대기업의 경우 올림픽이나 월드컵처럼 국제적인 스포츠 경기를 적극적으로 활용함으로써 세계적 브랜드로의 도약을 노릴 수 있다.

5) 전시회

현지에서 개최되는 전시회에 참가해 현지유통업자 및 소비자들을 상대로 기업과 제품을 홍보함으로써 장기적인 판매신장을 기대할 수 있다. 전시회는 수출업자와 수입업자들에게 거래관계를 수립할 수 있는 기회를 제공하기 위한 무역전시회와 소비자들을 대상으로 제품을 홍보하기 위한 일반전시회로 나눌 수 있는데, 현지마케팅을 하기 위해서는 무역전시회보다 일반전시회에 출품하여 현지소비자들을 상대로 마케팅 활동을 벌여야 한다.

전시회에서 좋은 성과를 거두기 위해서는 관람객들의 시선을 끌 수 있도록 부스를 개성 있게 꾸미고 상품소개용 전단과 판촉물을 충분히 준비하여 관람객들에게 제공한다.

4장

수출마케팅

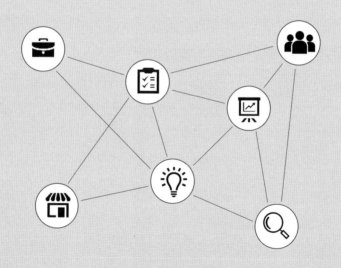

해외시장의 특성상 현지에 직접 진출해서 마케팅 활동을 펼치는 데는 여러 가지 제약이 따르게 마련이다. 현지에서 마케팅 활동을 펼칠 만한 자본이나 조직의 뒷받침이 부족하거나 현지시장 상황에 익숙하지 않아서 효과적인 마케팅 활동을 펼치기가 어렵고 현지진출에 따르는 다양한 위험에 노출될 수도 있다.

　따라서 해외시장에 직접 진출할 만한 여건이 갖춰지지 않은 경우에는 해외거래처를 개발해서 물건을 수출하는 데까지만 관여하고 현지에서의 직접적인 마케팅 활동은 현지업체에게 맡길 수밖에 없다. 이와 같이 현지에서 직접 마케팅 활동을 펼치는 대신 해외거래처를 상대로 마케팅을 전개하는 것을 수출마케팅이라고 한다. 수출마케팅의 주요 내용을 살펴보면 다음과 같다.

1
해외거래처의 개발

해외거래처를 통해서 해외시장에 성공적으로 진출하기 위해서는 구매력이 있고 현지유통망과 긴밀하게 연결되어 있는 해외거래처를 개발하는 것이 중요하다.

하지만 새로 수출을 시작하는 마당에 유력한 해외거래처를 개발하는 것이 쉬운 일은 아니다. 구매력이 있고 유통망을 확보한 거래처라면 이미 전 세계적으로 내로라하는 공급처를 확보하고 있을 가능성이 크기 때문이다.

따라서 해외거래처를 개발할 때는 단시일 안에 대형 오더를 수주하겠다는 욕심을 버리고 다양한 방법을 동원해 차근차근 접근할 필요가 있다. 해외거래처를 개발하는 방법은 다음과 같다.

1) 인터넷

해외거래처를 개발할 수 있는 가장 손쉬운 방법은 인터넷을 활용하는 것이다. 우선 인터넷에 자사 웹사이트를 개설해서 기업 및 제품에 대한 다양한 정보를 제공하고 해외거래처들이 찾아오게 할 수 있다. 하지만 아무리 웹사이트를 잘 만들어놓아도 해외의 유력 바이어들이 찾아온다는 보장이 없다. 전 세계적으로 웹사이트가 수없이 많기 때문이다.

이와 같은 문제점을 해결하기 위해서 만들어진 것이 무역거래알선사이트이다. 무역거래알선사이트란 전 세계의 바이어와 셀러를 연결해주는 사이트로, 셀러가 자신이 수출하고자 하는 수출품과 관련된 정보를 사이트에 올려놓으면 바이어가 해당 수출희망게시물을 살펴보고 마음에 드는 제품을 공급하는 업체에게 연락하는 방식으로 운영된다.

전 세계적으로 수많은 무역거래알선사이트가 있으나 그중 상당수는 이용률이 저조하고 업데이트도 제때에 잘되지 않으며 운영도 부실한 경우가 많다. 현재 가장 활발하게 운영되는 무역거래알선사이트는 다음과 같다.

사이트명	사이트주소	비고
Alibaba	www.alibaba.com	세계 1위의 거래알선사이트로, 중국에서 운영하며 중국 유저의 비중이 50%가 넘음.
EC21	www.ec21.com	한국에서 운영하는 사이트로, Global Buyer DB에서 품목별 바이어정보를 검색할 수 있음.
ECPlaza	www.ecplaza.net	한국에서 운영하는 사이트로, 특화된 서비스를 제공하는 premium membership제도를 운영함.
TPage	www.tpage.com	한국에서 운영하는 사이트로, 영어, 중국어, 일본어 등 다양한 언어로 운영함.
Tradekey	www.tradekey.com	파키스탄에서 운영하는 사이트로, 파키스탄 및 중국, 중동 지역 유저의 비중이 높음.
Globalsources	www.globalsources.com	싱가포르에서 운영하는 사이트로, 중국, 미국, 인도 유저가 다수를 차지함.

위에 소개한 무역거래알선사이트들은 이용하기도 편리하고 전 세계적으로 수많은 바이어와 셀러가 방문하므로 해외거래처를 개발하는 데 유용한 도구로 활용할 수 있다. 하지만 인터넷의 특성상 사기를 당할 수도 있고 세계적으로 유명한 바이어들의 경우, 군이 이런 사이트를 방문하지 않더라도 거래관계를 맺고자 하는 업체들이 줄

을 서 있기 때문에 이런 사이트에서 세계적으로 유명한 거래처를 만날 확률은 높지 않다.

따라서 인터넷 무역거래알선사이트에만 전적으로 의존해서 해외 거래처를 개발하기보다는 다음에 소개하는 디렉토리, 무역관련기관, 전시회 등 다양한 방법을 동원하여 좀더 다양한 기회를 찾아보는 것이 바람직하다.

2) 무역디렉토리

무역디렉토리란 전 세계 여러 나라 무역업체들의 정보를 정리해서 책자 또는 인터넷을 통해서 제공하는 것으로 국가별, 아이템별, 거래유형별로 다양한 디렉토리가 있다.

인터넷 무역거래알선사이트에는 당사자들이 직접 게시물을 올리는 데 반해서 무역디렉토리는 디렉토리를 출간하는 업체에서 세계 각국의 제조업체, 셀러, 바이어들에 관한 정보를 수집해서 책으로 편집하므로 상대적으로 정보의 신뢰도가 높고 인터넷 무역거래알선사이트에서는 접할 수 없는 유명 업체 정보를 얻을 수 있다는 장점이 있다.

반면에 무역디렉토리에는 단순히 해당 업체에 관한 간단한 정보만 수록되어 있을 뿐 인터넷 무역거래알선사이트처럼 다양한 정보를 제공하지도 않고 사용하기도 불편하다는 단점이 있으므로 인터넷 무역거래알선사이트를 보완하는 도구로 활용하면 좋다.

한국무역협회, KOTRA, 한국수입업협회 등과 같은 무역관련기관의 자료실에 가면 책자로 출간된 다양한 무역디렉토리를 찾아볼 수 있으며, 일부 디렉토리는 인터넷에서도 자료를 검색할 수 있다. 대표적인 무역디렉토리는 다음과 같다.

디렉토리	내용
KOMPASS	전 세계 여러 나라의 무역업체들을 국가별, 품목별로 분류하여 주소, 전화번호, 팩스번호, 이메일주소 등을 수록
The International Directory of Importers	국가별, 아이템별 수입상 상호, 담당자 이름, 전화번호, 팩스번호, 이메일주소, 취급품목 등을 수록
The International Directory of Agents Distributors & Wholesalers	국가별, 아이템별 에이전트, 판매상, 도매상 등에 관한 자료 수록
The Directory of Mail Order Catalog	미국 내 메일오더회사의 주소, 전화번호, 팩스번호, 이메일주소, 취급품목 등을 수록
Directory of Department Stores	미국 내 백화점들의 주소, 전화번호, 팩스번호, 설립일, 판매액 등을 지역별로 나누어 수록
Directory of United States Importers	미국 내 수입업체들의 주소, 전화번호, 팩스번호, 취급품목 등을 수록

무역디렉토리에서 정보를 입수한 해외거래처와 접촉할 때는 우선 상대방을 알게 된 경위를 설명하고 신규거래관계를 수립하는 데 관심이 있는지를 타진해야 한다. 디렉토리에 수록된 업체 중에 상당수는 새로 거래관계를 수립하는 데 관심이 없을 수도 있다는 점을 감안하여 답신이 없거나 부정적 답변이 오더라도 실망하지 말고 지속적으로 새로운 업체와 접촉하는 것이 바람직하다.

3) 무역관련기관

해외거래처를 개발할 때는 무역관련기관도 최대한 활용할 필요가 있다. 우선 국내 무역관련기관을 통해서 우리나라 제품을 수입하고 싶어하는 외국업체들이 보내온 인콰이어리를 활용할 수도 있고, KOTRA의 해외지사망을 활용해 해외거래처를 개발할 수도 있다.

이들 국내 무역관련기관을 통해서 연결되는 해외거래처는 인터넷무역거래알선사이트나 무역디렉토리를 통해서 연결되는 해외거래처보다 거래관계를 수립할 가능성이 좀더 높다고 볼 수 있다. 우리나라 제품에 관심이 있는 업체들이 국내 무역관련기관과 접촉할 가능성이 높기 때문이다.

다만 국내 무역관련기관을 통해서 입수한 해외거래처 정보는 국내의 다른 수출업체에서도 관심을 가질 수 있으므로 경쟁업체와 차별화할 수 있는 무기를 개발할 필요가 있다.

국내 무역관련기관뿐만 아니라 세계 각국의 무역관련기관을 활용하여 해외거래처를 개발하는 데도 관심을 기울일 필요가 있다. 세계 시장을 분석해서 목표시장이 정해지면 해당 국가의 무역관련기관과 접촉하여 바이어를 소개해달라고 요청하거나 해당 무역관련기관에서 운영하는 웹사이트 게시판에 수출희망 게시물을 올림으로써 해당 국가의 바이어로부터 인콰이어리를 기대할 수 있다.

해외거래처를 개발하는 데 활용할 수 있는 국내외 무역관련기관은 다음과 같다.

① 국내 무역관련기관

기관명	사이트주소	비고
한국무역협회	www.kita.net	www.tradekorea.com을 통해서 무역거래알선
KOTRA	www.kotra.or.kr	www.buykorea.org를 통해서 무역거래알선
중소기업진흥공단	www.sbc.or.kr	www.gobizkorea.com을 통해서 무역거래알선
농수산물유통공사	www.at.or.kr	www.agrotrade.net을 통해서 무역거래알선

② 해외 국가별 · 지역별 무역관련기관

국명	무역관련기관	사이트주소
미국	ITA(International Trade Administration)	www.ita.doc.gov
캐나다	CCC(Canadian Commercial Corporation)	www.ccc.ca
유럽	European Chamber of International Business	www.ecib.com
영국	DTI(Department of Trade of Industry)	www.dti.gov.uk
이탈리아	Italian Institute for Foreign Trade	www.italtrade.com
벨기에	BFTB(Belgium Foreign Trade Board)	www.obcebdbh.be
오스트레일리아	AUSTRADE(Australia Trade Commission)	www.austrade.gov.au
뉴질랜드	Trade New Zealand	www.tradenz.govt.nz
일본	JETRO(Japan External Trade Organization)	www.jetro.go.jp
중국	CCPIT(China Council for the Promotion of International Trade)	www.ccpit.org
홍콩	TDC(Hong Kong Trade Development Council)	www.tdctrade.com
타이완	CETRA(China External Trade Development Council)	www.taiwantrade.com.tw
타이	DEP(Department of Export Promotion)	www.thaitrade.com
필리핀	DTI(Department of Trade & Industry)	www.dti.gov.ph

국명	무역관련기관	사이트주소
인도네시아	NAFED(National Agency For Export Development)	www.nafed.go.id
말레이시아	MATRADE(Malaysia External Trade Development)	www.matrade.gov.my
싱가포르	International Enterprises Singapore	www.iesingapore.com
인도	Department of Commerce & Industry	www.nic.in/eximpol
중남미	Latin Trade	www.latintrade.com
브라질	BrazilBiz	www.brazilbiz.com.br
아프리카	MBendi	www.mbendi.co.za
세계	World Trade Centers Association	www.wtca.org

③ 전시회

해외거래처를 개발할 수 있는 가장 확실하면서도 효과적인 방법 가운데 하나가 전시회를 활용하는 것이다. 전시장에서는 실제 상품을 보면서 구체적인 상담이 가능하므로 특히 새로 해외시장에 진출하려는 수출업체에게는 단시일 안에 제품을 홍보하고 해외거래처를 개발하기 적합한 장소이다.

전 세계에서는 매일같이 수많은 전시회가 개최되지만 그중 상당수는 국내시장을 겨냥한 전시회이거나 명목상으로는 국제전시회라고 하지만 유명 해외바이어들을 만나기 힘든 전시회도 많다. 따라서 전시회에 출품할 때는 유명 바이어들이 집결하는 유명 전시회를 선택하는 것이 바람직하다.

세계 유명 전시회 리스트 및 전시회 출품과 관련한 구체적 내용은 다음에 다루기로 한다.

2
신용조사

해외거래처에 대한 정보가 입수되면 거래를 본격적으로 시작하기 전에 상대방의 신용을 확인할 필요가 있다. 무역거래의 특성상 수출자 입장에서 미수금이 발생할 경우 대처하기가 쉽지 않기 때문이다.

국내거래처는 간단한 탐문조사만으로도 기본적인 신용상태를 확인할 수 있으나, 해외거래처의 경우에는 좀더 철저한 신용조사가 필요하다. 해외거래처에 대한 신용조사의 내용과 조사방법은 다음과 같다.

1) 신용조사의 내용

① Character
해당 업체의 성실성, 업계의 평판, 계약이행자세, 상도덕 준수 여부 등을 조사한다.

② Capital

해당 업체의 재무상태, 지불능력, 부채상황 등을 조사한다.

③ Capacity

해당 업체의 연간매출액, 시장점유율, 영업능력 등을 조사한다.

2) 신용조사방법

① 은행조회(Bank Reference)

해당 업체의 거래은행을 통해서 해당 업체의 재무구조와 거래행태에 대한 정보를 입수한다.

② 동업자조회(Trade Reference)

해당 업체와 거래경험이 있는 거래처를 통해서 해당 업체의 신용을 확인한다.

③ 기관조회(Agency Reference)

은행조회나 동업자조회만으로는 상대방의 신용에 대한 객관적 평가를 내리기가 어렵다. 상대방과 거래하는 은행이거나 동업자인 만큼 상대방에 호의적인 정보를 제공할 개연성이 높기 때문이다.

따라서 좀더 객관적인 정보를 얻기 위해서는 한국무역보험공사 같은 공기관이나 D&B(Dun & Bradstreet) 같은 신용조사 전문업체에 신용조사를 의뢰해야 한다. 한국무역보험공사를 이용하면 수수료가 저렴한 반면, 개략적인 정보만 제공하기 때문에 더 구체적인 정보가 필요하면 D&B 같은 신용조사 전문업체를 이용하는 것이 바람직하다.

여기서 유의할 것은 아무리 신용조사를 철저히 한다고 해도 거래 안전이 100% 보장되지는 않는다는 것이다. 신용조사 결과와 상관없이 무역사기에 휘말릴 수도 있으며, 신용조사 결과와 배치되는 결과가 나타난다고 해서 신용정보를 제공한 측에서 책임을 지는 것도 아니다. 따라서 신용조사 결과는 참고자료로 활용하고 실제 거래를 하면서 상대방의 신용을 확인해나가는 것이 바람직하다.

3
계약의 체결

신용조사 결과 이상이 없으면 상대방과 본격적인 협상을 벌여서 무역거래에 따르는 제반 계약조건에 합의해야 한다. 무역거래를 하기 위해서 바이어와 셀러가 합의해야 할 주요 조건에는 품질조건, 수량조건, 가격조건, 포장조건, 선적조건, 결제조건 등이 있으며 그 주요 내용은 다음과 같다.

1) 품질조건

품질조건이란 무역거래 대상이 되는 물품이 어떤 물품인지 정하는 것이며, 무역서식에서는 description, item, commodity, article 등으로 표기한다. 바이어와 셀러 간에 어떤 물품을 사고팔지를 정할 때는 해당 물품의 품명뿐만 아니라 규격, 모델번호, 색상 등을 구체적으로 명시해야 한다.

하지만 아무리 물품 내역을 구체적으로 명시한다 해도 실제로 선적한 물품의 품질에 대해서 바이어와 셀러 사이에 해석이 달라질 수 있으므로 좀더 명확하게 품질을 정하기 위해서는 셀러가 해당 물품의 샘플이나 사진을 제공하는 것이 바람직하다.

2) 수량조건

수량조건이란 사고팔 물품의 수량을 정하는 것이며, 무역서식에서는 quantity라고 표기한다. 수량을 정할 때는 물품의 특성이나 포장단위에 따라 ea, pcs, box, set, kg, ton 등으로 표시한다.

3) 가격조건

가격조건이란 물품의 가격을 정하는 것이다. 여기서 가격이란 물품 하나 또는 하나의 포장 단위의 가격인 단가를 뜻하며, 무역서식에서는 unit price라고 표기한다. 무역서식에서는 단가와 함께 총금액을 표시하는데, 총금액이란 단가에 총수량을 곱한 것이며 total amount 또는 amount라고 표기한다.

가격을 정할 때는 반드시 어떤 조건에서의 가격인지 명확히 해야 한다. 여기서 어떤 조건이란 물품을 이동하는 과정에서 발생하는 비용(cost)과 위험(risk), 기타 수출자의 의무를 어디까지 가격에 포함시키느냐를 정하는 것으로 거래조건(trade terms)이라고 한다.

무역계약을 할 때마다 거래조건을 정하는 것이 번거롭기 때문에 미리 만들어놓은 정형화된 거래조건이 정형거래조건이며 국제상업회의소(International Chamber of Commerce, ICC)에서 정형거래조건 해석에 관한 국제규칙을 제정한 것이 인코텀즈(INCOTERMS)다.

인코텀즈에서는 11가지 정형거래조건별로 매도인과 매수인 간에 비용과 위험을 어떻게 분담할지를 규정하였으므로 인코텀즈에서 규정한 11가지 정형거래조건 가운데 하나를 선택해서 해당 조건에 부합하는 가격을 정하면 된다.

예를 들어 FOB(Free On Board)라는 거래조건은 선적항에서 지정된 선박에 물품을 적재할 때까지의 비용과 위험을 매도인이 부담한다고 규정하였기 때문에, FOB 조건으로 가격을 정할 때는 선적항에서 물품을 선적할 때까지의 비용과 위험을 반영하면 된다.

인코텀즈에서 규정한 11가지 조건별로 비용의 분담지점과 위험의 이전시점은 다음과 같다.

조건명	비용의 분담	위험의 이전
EXW	공장이나 창고와 같은 지정된 장소에서 물품을 인도하였을 때	공장이나 창고와 같은 지정된 장소에서 물품을 인도하였을 때
FOB	지정된 선적항에서 수입자가 지정한 선박에 물품을 적재하였을 때	지정된 선적항에서 수입자가 지정한 선박에 물품을 적재하였을 때
FAS	지정된 선적항에서 수입자가 지정한 선박의 선측에서 물품을 인도하였을 때	지정된 선적항에서 수입자가 지정한 선박의 선측에서 물품을 인도하였을 때
FCA	수입자가 지정한 운송인에게 물품을 인도하였을 때	수입자가 지정한 운송인에게 물품을 인도하였을 때
CFR	지정된 목적항에 물품이 도착하였을 때	선적항에서 물품이 적재되었을 때
CIF	지정된 목적항에 물품이 도착하였을 때(적하보험료 포함)	선적항에서 물품이 적재되었을 때
CPT	지정된 목적지에 물품이 도착하였을 때	수출자가 선택한 운송인에게 물품을 인도하였을 때
CIP	지정된 목적지에 물품이 도착하였을 때(적하보험료 포함)	수출자가 선택한 운송인에게 물품을 인도하였을 때
DAP	지정된 목적지에서 물품을 인도하였을 때	지정된 목적지에서 물품을 인도하였을 때
DPU	지정된 목적지에서 물품을 내려서 인도하였을 때	지정된 목적지에서 물품을 내려서 인도하였을 때
DDP	지정된 목적지에서 물품을 인도하였을 때(수입통관비용 포함)	지정된 목적지에서 물품을 인도하였을 때

실제 거래에서 어떤 정형거래조건을 적용할지는 매도인과 매수인의 합의에 따른다. 일반적으로 매도인이 임의의 거래조건(주로 FOB나 CIF)을 적용한 가격을 산출해서 매수인에게 제시하면, 매수인은 거래조건을 그대로 두고 가격만 네고하거나 다른 거래조건으로 변경을 요청할 수 있다.

매수인이 거래조건의 변경을 요청할 경우 매도인은 매수인이 원하는 거래조건을 적용한 가격을 새로 산출하여 제시해야 한다. 예를 들어 FOB 조건으로 가격을 제시했는데 CIF 조건으로 바꿔달라고 하면 이미 제시했던 가격에다 목적항까지의 해상운임과 보험료를 더해서 제시하면 된다.

매도인의 입장에서 보면 거래조건에 따라 자신이 부담해야 하는 비용 및 위험을 반영한 가격을 매수인으로부터 받게 되므로 어떤 거래조건을 적용하는 것이 유리 또는 불리하다고 단정할 수는 없다. 다만 비용 및 위험을 부담하는 구간이 큰 거래조건일수록 그만큼 신경을 많이 써야 하고 운송계약이나 보험계약에 따르는 일거리가 늘어나게 되므로 불편하다고 할 수 있다.

매수인 입장에서도 어떤 거래조건을 적용하는 것이 유리 또는 불리하다고 단정할 수는 없으나, 매도인이 비용 및 위험을 부담하는 구간이 클수록 매수인으로서는 그만큼 신경을 덜 써도 되고 운송계약이나 보험계약에 따르는 일거리도 줄어들게 되어 편리하다고 할 수 있다.

다만 매수인이 상대적으로 대기업이거나 수입물량이 많아서 운송계약이나 보험계약을 좀더 유리한 조건으로 체결할 수 있다면 가급적 FOB와 같이 운송비나 보험료가 포함되지 않은 거래조건으로 계약함으로써 운송비나 보험료를 절약할 수 있다.

반대로 매도인이 상대적으로 대기업이거나 수출물량이 많아서 운송계약이나 보험계약을 유리한 조건으로 체결할 수 있다면 될 수 있는 한 CIF와 같이 운송비나 보험료가 포함된 거래조건으로 계약하는 것이 바람직하다.

4) 포장조건

포장조건이란 수출품을 어떻게 포장할지를 정하는 것으로, 무역서식에서는 packing이라고 표기한다. 거래당사자는 물품의 특성이나 수출자의 포장여건, 수입자의 판매방식 등을 감안하여 포장재, 포장단위, 포장방식을 정한다. 포장조건에 대해서 구체적 합의가 없는 경우에는 무역서식에 export standard packing이라고 기재한다.

또 목적지에서 물품을 찾기 쉽도록 물품을 포장한 박스의 표면에 수입자의 이니셜, 도착항, 포장박스의 일련번호를 명시하는 shipping mark를 표시한다.

5) 선적조건

선적조건이란 물품의 선적과 관련한 제반 조건을 정하는 것을 뜻하며 운송방식, 선적항, 도착항, 선적시기, 분할선적 및 환적 허용 여부 등을 포함한다.

여기서 운송방식이란 물품을 해상으로 운송할지 항공으로 운송할지를 정하는 것이며, 선적항(shipping port)과 도착항(destination)에 따라 운송비와 운송기간이 달라지므로 어디서 선적하고 어디까지 운송할지도 정해두어야 한다.

선적시기(shipment)는 물품을 언제 선적할지를 정하는 것으로, 통상 최종선적기일(latest date of shipment)을 정하고 해당 기일 내에 물품을 싣도록 한다.

분할선적(partial shipment)이란 물품을 2회 이상 나누어 싣는 것을 뜻하며, 재고가 없거나 계약물량 전량을 준비하는 데 시간이 많이 걸릴 경우에 수입자의 양해 아래 이루어진다.

환적(transshipment)이란 물품을 운송하는 도중에 중간기착지에서 다른 선박이나 운송수단에 옮겨서 싣는 것을 뜻한다. 환적은 수출국과 수입국 간에 정기운송항로가 없거나 자주 운항하지 않는 경우 또는 운송 도중 운송수단이 바뀌는 경우에 이루어진다.

6) 결제조건

결제방식이란 무역거래에 따르는 대금결제를 어떤 방식으로 하느냐는 것이다. 계약조건 중에서 가장 합의하기 힘든 조건이 결제조건이다. 실제 협상과정에서 가격을 포함한 모든 계약조건에 합의가 됐는데도 결제조건이 합의되지 않아서 계약이 무산되는 경우가 허다하다. 특히 거래를 처음 시작하는 경우 결제조건에 합의하기가 쉽지 않다.

결제조건에 합의하기 힘든 이유는 서로 상대방을 믿을 수 없기 때문이다. 수출자는 수입자를 믿을 수 없기 때문에 물품대금을 먼저 보내라 하고, 수입자는 수출자를 믿을 수 없기 때문에 물품을 먼저 실어 보내라고 우기다가 계약체결에 실패하는 것이다.

따라서 거래 내용이나 시장상황, 거래처와의 관계 등을 고려하여 적합한 결제조건에 합의하는 것이 중요하다. 그러기 위해서는 무역거래에서 사용하는 다양한 결제방식의 내용을 정확히 이해해둘 필요가 있다.

일반적인 무역거래에 주로 사용하는 결제방식으로는 송금방식, 신용장방식, 추심방식 등이 있다.

송금방식은 수입자가 수출자의 은행계좌로 물품대금을 송금하는 방식을 뜻하며, 주로 전신환(Telegraphic Transfer, T/T)으로 송금하기 때문에 T/T 또는 'wire transfer'라고 한다. 송금방식으로 물품대금을 주고받는 절차와 방법은 국내에서 돈을 보내고 받는 것과 크게 다르지 않다.

즉 수출자는 수입자에게 자신의 은행과 계좌번호를 알려주면 되고, 수입자는 자신의 거래은행에 수출자의 은행계좌로 물품대금을 송금해달라고 요청하면 된다. 다만 서로 다른 통화를 사용하는 국가 간의 거래이기 때문에 송금 및 입금 과정에서 환전을 거친다는 점이 국내에서 송금할 때와 다른 점이라고 할 수 있다.

송금방식은 물품대금을 보내고 받는 것은 편리하지만, 문제는 물품대금을 언제 보내고 언제 받느냐는 것이다. 수출자는 물품대금부터 보내라 하고 수입자는 물품부터 실어 보내라고 우기기 십상이어서 송금시점에 합의하기가 쉽지 않다. 이런 문제점을 해결하기 위해서 사용하는 방식이 신용장방식이다.

신용장(Letter of credit, L/C)은 수입자를 대신해서 수입자가 거래하는 은행에서 수출자에게 물품대금을 지급하겠다고 약속하는 증서라고 정의할 수 있다. 즉 수출자 입장에서 수입자가 물품대금을 지급하겠다는 말을 믿을 수 없기 때문에 수입자를 대신해서 믿을 수 있는 은행에서 대금지급을 약속하는 것이다.

신용장방식에서 은행은 수입자와 상관없이 수출자에게 물품대금을 지급하겠다고 약속한다. 즉 수입자가 물품대금을 지급하는지와 상관없이 은행이 책임지고 물품대금을 지급하는 것이다. 다만 은행 입장에서 무조건 물품대금을 지급하는 건 아니고 수출자가 신용장

에서 요구하는 조건을 충족해야만 물품대금을 지급하게 된다. 신용
장에서 수출자에게 요구하는 주요 조건은 다음과 같다.

요구조건	내용
Description	신용장에 명기된 물품을 실어야 한다.
Latest Date of Shipment	신용장에 명기된 최종선적기일 내에 물품을 실어야 한다.
Document Required	신용장에 명기된 서류를 제출해야 한다.
Date of Expiry	신용장에 명기된 유효기일 내에 서류를 제출해야 한다.

따라서 수출자는 신용장을 받고 나서 신용장에 명기된 조건들이
이행가능한 것인지 확인한 후 이행가능하다고 판단되면 해당 물품
을 최종선적기일 내에 선적하고 신용장에서 요구하는 서류들을 준
비해서 유효기일 내에 제출하고 물품대금을 받으면 된다.

추심방식이란 수출자의 요청에 따라 은행이 수입자로부터 물품대
금을 받아서 전해주는 방식을 뜻한다. 이때 은행은 단지 수입자가
지급한 물품대금을 수출자에게 전달해주는 역할만 할 뿐 신용장처
럼 수입자를 대신해서 대금지급을 약속하지는 않는다. 따라서 추심
방식의 거래에서 수입자가 대금을 지급하지 않으면 수출자는 물품
대금을 받을 수 없다.

이상에서 살펴본 결제방식별로 구체적인 업무 흐름을 살펴보면

다음과 같다.

① 송금방식

송금방식은 언제 송금하느냐에 따라 사전송금방식과 사후송금방식으로 나뉜다. 사전송금방식은 물건이 선적되기 전에 미리 대금을 송금하는 방식을 뜻하며, 사후송금방식은 선적 후 또는 물건이 도착한 후 대금을 송금하는 방식을 뜻한다. 송금방식의 특성 및 업무의 흐름은 다음과 같다.

사전송금방식

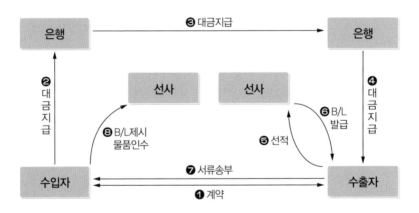

사전송금방식은 ① 수출자와 수입자 간의 계약, ②③④ 수출자의 은행계좌로 물품대금 송금, ⑤⑥ 수출자가 물품을 선적하고 선박회사로부터 B/L 수취, ⑦ 수입자에게 서류 송부, ⑧ 수입자가 선박회사에 B/L 제시하고 물

품인수와 같은 순서로 업무가 진행된다.

사전송금방식의 거래는 ④번까지만 진행되고 끝날 수 있다. 즉 수입자가 미리 대금을 송금했는데도 수출자가 물건을 선적하지 않는 경우다. 이런 경우 수입자는 대금만 지급하고 물건을 받을 수 없게 되므로 가장 위험한 결제방식이며 반대로 수출자에게는 가장 안전한 결제방식이라고 할 수 있다.

사전송금방식은 거래금액이 작거나 수출자의 신용이 확실한 경우에 제한적으로 사용되며 거래금액이 크거나 수출자의 신용이 불확실한 경우에는 사용하기가 곤란한 결제방식이다.

사후송금방식

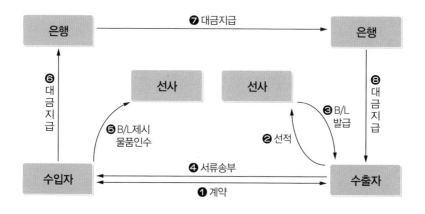

사후송금방식은 ① 수출자와 수입자의 계약, ②③ 수출자가 물품을 선적하고 선박회사로부터 B/L 수취, ④ 수출자가 수입자에게 서류 송부, ⑤ 수

입자가 선박회사에 B/L 제시하고 물품 인수, ⑥⑦⑧ 수입자가 수출자의 은행계좌로 물품대금 송부와 같은 순서로 업무가 진행된다.

대금을 언제 송금하느냐 하는 것은 계약체결 시 30 days after B/L date, 60 days after invoice date 등과 같이 합의한다.

사후송금방식의 거래는 ⑤번까지만 진행되고 끝날 수 있다. 즉 수입자가 물건을 찾은 후 약속한 날짜에 물품대금을 송금하지 않는 경우다. 이런 경우 수출자는 물건도 돌려받을 수 없고 물품대금도 받을 수 없으므로 가장 위험한 방식이며 반대로 수입자에게는 가장 안전한 방식이라고 할 수 있다.

따라서 사후송금방식은 수입자의 신용이 확실하고 오랫동안 거래관계를 지속한 경우 주로 사용하는 방식이다.

혼합방식

두 가지 이상의 방식을 혼합한 결제방식을 뜻한다. 예를 들어 대금의 일부는 사전송금방식으로 결제하고 나머지는 사후송금방식 또는 신용장방식이나 추심방식으로 결제하는 방식을 뜻하며, 수출자와 수입자가 위험부담을 나누기 위한 방편으로 사용한다.

계약금액이 크고 대금회수에 시간이 많이 걸리는 선박이나 대형기계, 설비류의 경우 주문과 동시에 대금의 일부를 결제하고 선적 시, 도착 시 등과 같이 수차례에 나누어 결제하는 혼합결제방식을 사용하기도 한다.

② 신용장방식

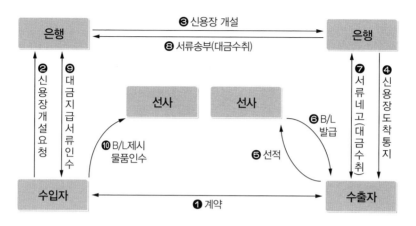

신용장방식은 ① 수출자와 수입자의 계약, ②③ 수입자의 의뢰에 따라 수입자의 거래은행에서 신용장 개설, ④ 통지은행(주로 수출자의 거래은행)을 통해서 수출자에게 신용장 통지, ⑤⑥ 수출자가 물품을 선적하고 선박회사로부터 B/L 수취, ⑦ 수출자가 매입은행(주로 수출자의 거래은행)에 서류를 제시하고 물품대금 수취, ⑧ 매입은행에서 개설은행에 서류 송부하고 대금 수취, ⑨ 수입자가 개설은행에 물품대금 지급하고 선적서류 수취, ⑩ 수입자가 선박회사에 B/L 제출하고 물품인수와 같은 순서로 업무가 진행된다.

신용장방식은 ⑧번까지만 진행되고 끝날 수 있다. 즉 선적서류가 도착했는데도 수입자가 대금을 지급하지 않는 경우다. 이런 경우 신용장을 개설해준 은행에서는 수출자에게 책임을 전가할 수 없기 때문에 자체적으로 물건을 처분할 수밖에 없다.

이때 은행으로서는 물건을 제값 받고 처분하기 어렵거나 아예 처분이 불가능한 경우도 있으므로 애초에 신용장을 개설할 때 수입자로부터 담보를 확보해두었다가 수입자가 대금지급을 거절하면 담보를 처분해서 손해를 보전한다.

신용장방식은 다른 결제방식에 비해 수수료 부담이 크고 처리과정이 복잡하다는 단점이 있으나, 은행의 책임 아래 대금이 지급됨으로써 처음 거래를 시작하거나 거래금액이 큰 경우, 수입자의 신용이 불확실한 경우에 주로 사용한다.

③ 추심방식

추심방식은 D/P와 D/A로 나뉜다. D/P란 Documents against Payment의 약자로, 수입자의 은행에서 수입자가 물품대금을 지급해야만 서류를 인도하는 방식을 뜻한다. 수입자는 서류가 있어야만 물품을 찾을 수 있기 때문에 수출자는 최악의 경우 물품대금은 받지 못하더라도 물품은 확보할 수 있다.

D/A란 Documents against Acceptance의 약자로, 은행에서 수입자로부터 일정기간 후에 물품대금을 지급하겠다는 약속만 받고 서류를 인도하는 방식을 뜻한다. D/A방식의 거래에서 수입자가 물품대금을 지급하는 시기는 수출자와 수입자가 매매계약을 할 때 별도로 합의한다. 예를 들어 D/A 90 days라고 하면 서류를 인수한 날부터 90일 후에 물품대금을 지급한다는 뜻이다.

D/P와 D/A의 특성 및 구체적 업무절차는 다음과 같다.

D/P(Documents against Payment)

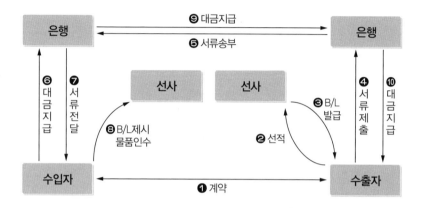

D/P방식은 ① 수출자와 수입자의 계약, ②③ 수출자가 물품을 선적하고 선박회사로부터 B/L 수취, ④ 수출자가 추심의뢰은행(주로 수출자의 거래은행)에 선적서류를 제출하고 추심의뢰, ⑤ 추심의뢰은행에서 추심은행(주로 수입자의 거래은행)에 선적서류를 송부하고 추심의뢰, ⑥⑦ 추심은행에서 수입자로부터 물품대금을 수취하고 선적서류 인도, ⑧ 수입자가 선박회사에 B/L 제시하고 물품인수와 같은 순서로 업무가 진행된다.

D/P방식의 거래는 ⑤번까지만 진행되고 끝날 수 있다. 즉 D/P계약에 따라 수출자가 물품을 선적했는데도 수입자가 물품대금을 지급하지 않는 경우다.

이런 경우 추심은행에서는 수입자에게 선적서류를 전달하지 않으므로 수입자는 물품을 수취할 수 없다.

이때 수입국에 도착한 물품은 수출자가 도로 싣고 가든지, 수입국의 다른 수입상에게 팔아야 한다. 어떤 경우라도 수출자로서는 금전적 손해를 감수할 수밖에 없다. 도로 싣고 가려면 추가발생비용을 부담해야 하고, 다른 수입상에게 팔기 위해서는 가격을 깎아주어야 하기 때문이다.

이와 같이 D/P방식의 거래는 은행에서 대금지급을 책임지지 않기 때문에 수출자 입장에서는 수입자가 물품대금을 지급하지 않을 경우 손해를 감수할 수밖에 없다.

하지만 수입자가 물품대금을 지급하지 않고는 물품을 인수할 수 없기 때문에 물품대금을 지급하지 않고 물품을 인수하는 사후송금방식이나 D/A방식보다는 상대적으로 덜 위험한 방식이라고 할 수 있다.

D/A(Documents against Acceptance)

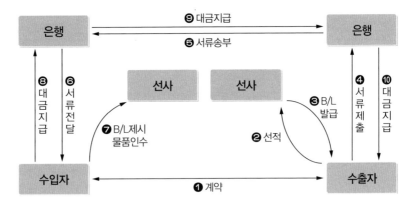

D/A방식은 ① 수출자와 수입자의 계약, ②③ 수출자가 물품을 선적하고 선박회사로부터 B/L 수취, ④ 수출자가 추심의뢰은행(주로 수출자의 거래은행)에 선적서류를 제출하고 추심의뢰, ⑤ 추심의뢰은행에서 추심은행(주로 수입자의 거래은행)에 선적서류를 송부하고 추심의뢰, ⑥ 추심은행에서 수입자로부터 일정기간 후에 물품대금을 지급하겠다는 약속을 받고 서류 인도, ⑦ 수입자가 선박회사에 B/L 제시하고 물품인수, ⑧⑨⑩ 수입자가 약속한 기일에 물품대금 지급과 같은 순서로 업무가 진행된다.

D/A방식의 거래는 ⑦번까지만 진행되고 끝날 수 있다. 즉 수입자가 물건을 인수하고도 약속된 기일에 물품대금을 지급하지 않는 경우다. 이런 경우 은행에서 대금지급을 책임지지 않기 때문에 수출자로서는 막대한 손해를 감수해야 한다.

따라서 D/A방식은 수입자의 신용이 확실한 경우나 본사와 지사의 거래에만 제한적으로 사용할 수 있다.

7) 기타 조건

이 밖에도 거래내용에 따라 원산지(country of origin), 보험조건 등을 계약조건에 포함시키기도 한다.

계약을 하기 위해서는 우선 상담과정을 거쳐야 한다. 상담은 바이어와 셀러간에 계약조건을 협의하는 것으로서 구두 또는 서면을 통해서 이루어진다. 가장 일반적인 방법은 이메일 통해서 상담을 진행하는 것이다.

상담과정을 통해서 앞서 언급한 모든 계약조건에 대해서 합의가 이루어지면 셀러 또는 바이어가 합의된 계약조건을 명시한 계약서를 작성한다. 이때 셀러가 작성하는 서식의 타이틀은 proforma invoice, sales note, order confirmation, order acknowledgement 등이라고 붙이고, 바이어가 작성하는 서식의 명칭은 purchase order, order sheet, purchase note 등이라고 붙인다.

셀러 또는 바이어가 상기한 바와 같은 계약서식을 작성하여 상대방에게 보내면 해당 서식을 접수한 측에서 서명해서 보내거나, 서명을 하지 않더라도 서식에 기재된 계약조건을 이행하면 서식에 명시된 계약조건대로 계약이 체결된 것으로 간주한다.

거래규모가 크고 장기간에 걸쳐서 지속적으로 거래가 이루어질 경우에는 구체적인 계약조건을 명시해서 sales contract 또는 sales agreement라는 명칭의 별도의 계약서를 작성하고, 건별로 앞서 언급한 계약서를 별도로 작성한다.

계약서식은 다음에 소개하는 샘플서식과 같이 작성한다. 다음에 소개하는 샘플은 그야말로 샘플에 불과할 뿐이며 서식의 내용이나 형식은 거래당사자간의 합의에 따라 임의로 정할 수 있다.

SMILE CORPORATION

① *Manufacturers, Expoters & Importers*
123, SAMSUNG-DONG, KANGNAM-KU,
SEOUL,KOREA
TEL : (02) 555-1122 FAX : (02)555-1133

PROFORMA INVOICE

② Messrs. HAPPY CORPORATION

③ Invoice No. SPI-0505
④ Date. May 5, 2022

⑤ Description	⑥ Quantity	⑦ Unit Price	⑧ Amount
		⑨ CIF NEW YORK	
SPORTS ACCESSORIES			
K-001	1,000 PCS	US$10.50	US$10,500.00
K-002	500 PCS	US$15.40	US$7,700.00
K-003	200 PCS	US$18.20	US$3,640.00
TOTAL :	1,700 PCS		US$21,840.00
******************************	********************	********************	********************

⑩ Packing : EXPORT STANDARD PACKING
⑪ Shipping Port : BUSAN, KOREA
⑫ Destination : NEW YORK
⑬ Shipment : WITHIN ONE MONTH AFTER RECEIPT OF YOUR L/C
⑭ Payment : BY AN IRREVOCABLE L/C AT SIGHT TO BE OPENED IN OUR FAVOR

Very truly yours,
⑮ SMILE CORPORATION

① HAPPY CORPORATION

111, HAPPY ROAD, NEW YORK, USA
TEL. 123-456-789 FAX. 123-456-790

PURCHASE ORDER

② Messrs.
　Smile Corporation.
　123, Samsung-Dong,
　Kangnam-Ku
　Seoul, Korea

③ Your Ref _____
④ Our Ref　_____　Happy-0514　_____
⑤ Date & Place _____　May 14, 2022　_____

⑥ Dear Sirs.

We Happy Corporation., as Buyer, hereby confirm our purchase of the following goods in accordance with the terms and conditions given below.

⑦ ESCRIPTION	SPORTS ACCESSORIES K-001　1,000 PCS K-002　　500 PCS K-003　　200 PCS
⑧ PACKING	EACH 50 PCS. TO BE PACKED INTO AN EXPORTABLE CARTON BOX. EXPORT STANDARD PACKING
⑨ QUANTITY	1,700 PCS ONLY
⑩ PRICE	CIF NEW YORK IN U.S. DOLLARS. K-001　@US$10.50/PCS K-002　@US$15.40/PCS K-003　@US$18.20/PCS
⑪ AMOUNT	TOTAL : US$21,840.00
⑫ INSURANCE	INSURANCE POLICY/CERTIFICATE BLANK ENDORSED FOR 110% OF C.I.F VALUE WITH CLAIMS PAYABLE IN USA IN THE CURRENCY OF THE DRAFT INSURANCE TO INCLUDE I.C.C.(A) WITH INSTITUTE WAR CLAUSES, S.R.C.C CLAUSES.
⑬ PAYMENT	BY L/C AT SIGHT IN YOUR FAVOUR BY FULL CABLE. ADVISING THROUGH SEOUL BANK, SEOUL, KOREA FROM NEW YORK BANK, NEW YORK. (INTEREST IS FOR SELLER'S ACCOUNT.)
⑭ SHIPMENT	SHIPMENT SHOULD BE EFFECTED DIRECTLY FROM BUSAN, KOREA TO NEW YORK WITHIN JUNE 20, 2022
⑮ MARKS & NO	TO BE MARKED ON BOTH SIDES OF EACH CARTON BOX AS FOLLOWS : HAPPY CORP NEW YORK C/NO. 1-1/UP ITEM NO :

SALES AGREEMENT

This agreement is made and entered into on the_____ day of _____, 202_ by and between the Buyer ABC Inc., having its office at _____ _____ (hereinafter referred to as "Buyer") and the Seller XYZ Corp., having its office at _____ (hereinafter referred to as "Seller")

WITNESSETH

WHEREAS, the Buyer desires to purchase Products as defined hereinafter (hereinafter called "Products") to sell or distribute them in the Territory as defined hereinafter; and

WHEREAS, the Seller is willing to sell the Products to the Buyer on the terms and conditions set forth below.

NOW, THEREFORE, in consideration of the mutual covenants contained herein, the Parties hereto agree as follows:

1. DEFINITIONS

Whenever the following terms appear in this Agreement, they shall have the respective meaning specified below unless the context otherwise requires:

- "Products" shall mean _____ specified in Appendix A.
- "Territory" shall mean _____. Without prior written consent of the Seller, the Buyer shall not sell the Products to any other areas than Territory.

2. ORDERS

The Buyer shall place order for the Products with the Seller either by email or fax. The Buyer shall clearly and precisely describe the name of the Products, quantity required, specifications, delivery date and shipping instructions, payment method, instructions for packing, invoicing and shipping etc. and other necessary terms for the delivery of the Products.

Within 5(five) working days after receiving order, the Seller shall issue the proforma invoice to confirm the Buyer's order.

The order shall not be binding unless and until they are accepted by the Seller.

3. PAYMENT
Payment shall be made by an irrevocable L/C payable at sight. The Buyer shall apply for L/C within one week after receipt of proforma invoice issued by the Seller.

4. INSURANCE
In case of CIF or CIP basis, 110% of the invoice amount will be insured unless otherwise agreed.

5. PACKING
Packing shall be at the Seller's option. In case special instructions are necessary, the same should be intimated to the Seller in time so as to enable the Seller to comply with it.

6. INSPECTION
With respect to the inspection of the Products at the point of delivery, inspection conducted by the Seller before shipment shall be final in all respects such as quantity, quality, etc.

Should the Buyer wishes to have the Products inspected by any specific inspector designated by the Buyer, all additional charges thereby incurred shall be borne by the Buyer.

7. DELIVERY AND SHIPMENT

The Seller shall deliver the Products on board the vessel at the port of shipment on scheduled date and the Buyer shall bear all risks of or damages to the Products from the time they have been on board the vessel at the port of shipment.

The date of Bill of Lading shall be accepted as a conclusive date of shipment.

Partial shipment and transshiment shall be permitted unless otherwise agreed between the Parties.

Right after the shipment, the Seller shall notify the following information in writing to the Buyer.

- Vessel Name
- Estimated Time of Departure
- Estimated Time of Arrival

8. PATENTS, TRADE MARKS, DESIGNS ETC.

The Seller shall not be responsible for any infringement with regard to patent rights, utility model rights, trademarks, commercial designs or copyrights originated or chosen by the Buyer.

9. WARRANTY

The Seller warrants that the Products will be free from defects in material and workmanship for _____(   ) months from the date of shipment.

The extent of the Seller's liability under this warranty shall be limited to the repair or replacement as herein provided of any defective products. Provided, however, this warranty does not extend to any of the said products which have been:

- misused, neglected, or abused
- improperly repaired, altered or modified in any way, or
- used in violation of instructions furnished by the Seller

In no event, the Seller shall be liable to the Buyer for any lost profit or for indirect, incidental or consequential damages for any reason.

10. CLAIMS

Any claims from the Buyer much reach the Seller within thirty(30) days after the arrival of the goods at the port of destination. The goods on which the Buyer is lodging a claim must be retained intact for inspection by authorized surveyors and must not be repaired or resold until such inspection had been completed.

11. FORCE MAJEURE

Neither party shall be liable for non-performance (either in whole or in part) or delay in performance of the terms and conditions of this Agreement due to war, terror, riot, labor disturbances, epidemics, fire, typhoon, flood, earthquakes or any other cause beyond the control of the Parties hereto. In case of such event, the terms of this agreement relating to time and performance shall be suspended during the continuance of the event.

The affected party shall notify the other party of such event within _____
(   ) days after the commencement of such event and use its best efforts
to avoid or remove such causes.

However, if the performance of this Agreement is suspended for a period
of _____(   ) days, either party may terminate this Agreement by at least
_____(   ) days notice in writing to that effect.

12. CONFIDENTIALITY

Any data and/or information related to the Products and/or information
regarding technologies, know-how, trade secrets, marketing activities and
the like, which are of confidential nature shall be kept strictly confidential.

13. ARBITRATION

All disputes, controversies and differences which may arise between
the Parties hereto, out of or in relations to or in connection with this
Agreement, or the breach thereof, shall be finally settled by Arbitration in
Seoul, Korea in accordance with the commercial arbitration rules of the
Korean Commercial Arbitration Board and under the laws of Korea. The
awards rendered by the arbitration court shall be final and binding upon
both parties.

14. TRADE TERMS

All trade terms used in this contract shall be interpreted in accordance
with the latest Incoterms of the International Chamber of Commerce.

15. GOVERNING LAW

This Agreement shall be governed and construed in accordance with
the Vienna Convention(1980) of the United Nations.

IN WITNESS WHEREOF, the parties have caused this Agreement to be executed on the date first written, and each party retains one signed original.

Buyer ABC Inc.   Seller XYZ Corp.

_____   _____

Name, Title   Name, Title

4
계약의 이행

계약이 체결되면 합의된 결제조건에 따라 수입자가 물품대금을 송금하거나 신용장을 개설하고 수출자는 계약된 물품을 준비해서 선적해야 한다. 이때 수출자의 의무는 물건을 선적하는 것만으로 끝나지 않고 다음과 같은 서류를 준비해서 직접(송금방식의 경우) 또는 은행을 통해서(신용장 및 추심방식의 경우) 바이어에게 보내주어야 한다. 이와 같은 서류를 선적서류라 하며, 주요 내용은 다음과 같다.

1) 상업송장(commercial invoice)

물품명세서와 대금청구서 역할을 하는 서식으로 수입자를 비롯하여 수출국과 수입국의 세관 및 은행 등 관련기관에서 물품의 내역과 금액을 파악할 수 있도록 수출자가 작성한다.

2) 포장명세서

수출품의 포장상태, 포장내역을 표시한 서식으로 수입자를 비롯한 관련기관에서 물품의 포장상태를 파악할 수 있도록 수출자가 작성한다.

3) 선하증권

B/L(Bill of Lading)이라고 하며, 선박회사에서 발행하는 화물인수증이다. 수출자는 물품을 선적한 후 선하증권을 발급받아서 수입자 또는 은행에 제출하고 수입자는 선하증권을 선박회사에 제출하고 물건을 인도받는다.

4) 보험증권

보험회사에서 발행하는 보험계약서이며 거래조건이 CIF나 CIP조건일 경우 수출자가 보험에 가입하고 보험증권을 발급받아서 바이어에게 보내주어야 한다.

40A	Form of Documentary Credit	: IRREVOCABLE
20	Documentary Credit Number	: L12345678
31C	Date of Issue	: 22/05/20
40E	Applicable Rules	: UCP LATEST VERSION
31D	Date and Place of Expiry	: 22/06/30 SEOUL
50	Applicant	: HAPPY CORPORATION.
		111, HAPPY ROAD, NEW YORK, USA
59	Beneficiary	: SMILE CORPORATION
		123, SAMSUNG-DONG, KANGNAM-KU,
		SEOUL, KOREA.
32B	Currency Code, Amount	: USD21,840.00
41D	Available with......By......	: ANY BANK
		BY NEGOTIATION
42C	Drafts at	: SIGHT
42A	Drawee	: NEW YORK BANK
		2007, WALL STREET,
		NEW YORK, USA
43P	Partial Shipment	: ALLOWED
43T	Transshipment	: NOT ALLOWED
44A	Port of Loading/Airport of Departure	: BUSAN, KOREA
44B	Port of Discharge/Airport of Destination	: NEW YORK, USA
44C	Latest Date of Shipment	: 22/06/20

45A Description of Goods and/or Services
   1,700 PCS OF SPORTS ACCESSORIES
   DETAILS ARE AS PER THE PROFORMA INVOICE
   NO SPI-0505 ISSUED BY BENEFICIARY

46A Documents Required
   +SIGNED COMMERCIAL INVOICE IN QUINTUPLICATE
   +PACKING LIST IN TRIPLICATE
   +FULL SET OF CLEAN ON BOARD OCEAN BILL OF LADING MADE OUT TO THE ORDER OF
    NEW YORK BANK MARKED FREIGHT PREPAID AND NOTIFY APPLICANT
  +MARINE INSURANCE POLICY OR CERTIFICATE IN DUPLICATE, ENDORSED IN BLANK
    FOR 110% OF THE INVOICE VALUE. INSURANCE MUST INCLUDE : INSTITUTE CARGO
    CLAUSES : I.C.C(A)
   +CERTIFICATE OF ORIGIN

47A Additional Conditions
   ALL DOCUMENTS MUST BEAR OUR CREDIT NUMBER.

71B	Charges	: ALL BANKING COMMISSIONS AND
		CHARGES OUTSIDE USA ARE FOR
		ACCOUNT OF BENEFICIARY
49	Confirmation Instructions	: WITHOUT
48	Period for Presentation	: DOCUMENTS MUST BE PRESENTED WITHIN 14
		DAYS AFTER THE DATE OF SHIPMENT BUT
		WITHIN THE VALIDITY OF CREDIT

DOCUMENTS TO BE FORWARDED TO US IN ONE LOT BY COURIER

COMMERCIAL INVOICE

① Shipper/Exporter SMILE CORPORATION 123, SAMSUNG-DONG, KANGNAM-KU, SEOUL, KOREA	⑧ No. & date of invoice SCI-0409 JUNE 9, 2022
	⑨ No. & date of L/C L12345678 MAY 20, 2022
② Buyer/Applicant HAPPY CORPORATION 111, HAPPY ROAD NEW YORK, USA	⑩ L/C issuing bank NEW YORK BANK, NEW YORK, USA
③ Notify party SAME AS ABOVE	⑪ Remarks

④ Port of loading BUSAN, KOREA	⑤ Final destination NEW YORK, USA
⑥ Carrier OCEAN GLORY	⑦ Sailing on or about June 10, 2022

⑫ Marks and no. of pkgs	⑬ Description of goods	⑭ Quantity	⑮ Unit price	⑯ Amount
			CIF NEW YORK	
HAPPY CORP NEW YORK C/NO 1-34 ITEM NO :	SPORTS ACCESSORIES K-001 K-002 K-003	1,000 PCS 500 PCS 200 PCS	US$10.50 US$15.40 US$18.20	US$10.500.00 US$7,700.00 US$3,640.00
	TOTAL	1,700 PCS		US$21,840.00

Signed by _____

PACKING LIST

① Shipper/Exporter SMILE CORPORATION 123, SAMSUNG-DONG, KANGNAM-KU, SEOUL, KOREA		⑧ No. & date of invoice SCI-0409 JUNE 9, 2022			
② Buyer/Applicnat HAPPY CORPORATION 111, HAPPY ROAD NEW YORK, USA		⑨ Remarks			
③ Notify party SAME AS ABOVE					
④ Port of loading BUSAN, KOREA	⑤ Final destination NEW YORK, USA				
⑥ Carrier OCEAN GLORY	⑦ Sailing on or about JUNE 10, 2022				
⑩ Marks and no. of pkgs	⑪ Description of goods	⑫ Quantity	⑬ Net weight	⑭ Gross weight	⑮ Measure-ment
HAPPY CORP NEW YORK C/NO. 1-34 ITEM NO :	SPORTS ACCESSORIES C/NO. 1-20 K-001 C/NO. 21-30 K-002 C/NO. 31-40 K-003	1,700 PCS	2,945 KGS	3,208 KGS	24.532 CBM

Signed by _____

Bill of Lading

① Shipper/Exporter SMILE CORPORATION 123, SAMSUNG-DONG, KANGNAM-KU, SEOUL, KOREA	⑪ B/L No. ; HONEST12345678		
② Consignee TO THE ORDER OF NEW YORK BANK			
③ Notify party HAPPY CORPORATION 111, HAPPY ROAD NEW YORK, USA			

Pre-Carriage by	⑥ Place of Receipt Busan CY	
④ Ocean Vessel OCEAN GLORY	⑦ Voyage No. 123E	⑫ Flag KOREA

⑤ Port of Loading BUSAN, KOREA	⑧ Port of Discharge NEW YORK, USA	⑨ Place of Delivery New York CY	⑩ Final Destination (For the Merchant Ref.)

⑬ Container No.	⑭ Seal No. Marks & No	⑮ No. & Kinds of Containers or Packages	⑯ Description of Goods	⑰ Gross Weight	⑱ Measurement
TEXU0101	N/M	1 CNTR	SPORTS ACCESSORIES 1,700 PCS	3,208 KGS	24.532 CBM
Total No. of Containers or Packages(in words) SAY : ONE(1) CONTAINER ONLY			"FREIGHT PREPAID"		

⑲ Freight and Charges AS ARRANGED	⑳ Revenue tons	㉑Rate	㉒ Per	㉓ Prepaid	㉔ Collect

㉕ Freight prepaid at BUSAN, KOREA	㉖ Freight payable at	㉘ Place and Date of Issue JUNE 12, 2022, SEOUL
Total prepaid in	㉗ No. of original B/L THREE(3)	Signature
㉙ Laden on board vessel Date Signature JUNE12, 2022		㉚ HONEST Shipping Co. Ltd. as agent for a carrier, RICH Liner Ltd.

Honest Insurance Co., Ltd.
CERTIFICATE OF MARINE CARGO INSURANCE

Assured(s), etc ② SMILE CORPORATION		
Certificate No. ① 00259A87523	Ref. No. ③ Invoice No. SCI-0409 L/C No. L12345678	
Claim, if any, payable at : ⑥ HONEST MARINE SERVICE 222 Honest Road New York Tel (202) 309-59412 Claims are payable in	Amount insured ④ USD 24,024.00 (USD21,840.00 × 110%)	
Survey should be approved by ⑦ THE SAME AS ABOVE	Conditions ⑤ * INSTITUTE CARGO CLAUSE(A) 1982 * CLAIMS ARE PAYABLE IN AMERICA IN THE CURRENCY OF THE DRAFT.	
⑧ Local Vessel or Conveyance	⑨ From(interior port or place of loading)	
Ship or Vessel called the ⑩ OCEAN GLORY	Sailing on or about ⑪ JUNE 10, 2022	
at and from ⑫ BUSAN, KOREA	⑬ transshipped at	
arrived at ⑭ NEW YORK, USA	⑮ thence to	
Goods and Merchandise ⑯ 1,700 PCS OF SPORTS ACCESSORIES	Subject to the following Clauses as per back hereof institute Cargo Clauses Institute War Clauses(Cargo) Institute War Cancellation Clauses(Cargo) Institute Strikes Riots and Civil Commotions Clauses Institute Air Cargo Clauses(All Risks) Institute Classification Clauses Special Replacement Clause(applying to machinery) Institute Radioactive Contamination Exclusion Clauses Co-Insurance Clause Marks and Numbers as	

Place and Date signed JUNE 9, 2022   No. of Certificates issued. TWO

This Certificate represents and takes the place of the Policy and conveys all rights of the original policyholder(for the purpose of collecting any loss or claim) as fully as if the property was covered by a Open Policy direct to the holder of this Certificate.

This Company agrees losses, if any, shall be payable to the order of Assured on surrender of this Certificate. Settlement under one copy shall render all others null and void.

Contrary to the wording of this form, this insurance is governed by the standard from of English Marine Insurance Policy.

In the event of loss or damage arising under this insurance, no claims will be admitted unless a survey has been held with the approval of this Company's office or Agents specified in this Certificate.

SEE IMPORTANT INSTRUCTIONS ON REVERSE
Honest Insurance Co., Ltd.

AUTHORIZED SIGNATORY

This Certificate is not valid unless the Declaration be signed by an authorized representative of the Assured.

5
원가계산

　해외거래처와 상담을 성공적으로 마무리 짓기 위해서는 가격협상
과정에서 합의를 원만히 이끌어내야 한다. 그리기 위해서는 수출가
격을 정할 때 원가계산을 정확하게 하고 시장상황과 경쟁사의 가격
수준을 참고해 적정수준의 마진을 붙여야 한다.

　수출원가는 수출물품의 제조원가에다 해당 물품을 수출하기 위해
서 수출자가 부담해야 하는 총부대비용에 수출자의 마진을 더해 산
출한다. 수출원가를 구성하는 주요 항목은 다음과 같다.

1) 제조원가

① 원부자재 구입비
② 임가공비

③ 포장비

④ 기타

2) 물류비용

① 수출자의 공장 또는 창고로부터 항구 또는 공항까지의 내륙운
   송비

② 수출통관비

③ 적하보험료

④ 해상운임 또는 항공운임

⑤ 수입통관비

⑥ 하역 후 발생하는 창고료

⑦ 수입국 항구 또는 공항으로부터 최종목적지까지의 내륙운송비

3) 기타비용

① 은행수수료

② 서류발급 비용 등 행정수속비

③ 에이전트 수수료

4) 마진

상기한 항목 중 수출자가 부담해야 하는 물류비용은 거래조건에 따라 결정되며 거래조건별로 수출자가 부담해야 할 물류비용은 다음과 같다.

거래조건	부대비용
EXW	없음
FCA	운송인에게 물품을 인도하는 지점까지의 내륙운송비(인도장소가 공장이나 창고가 아닌 경우), 수출통관비
FAS	선적항까지의 내륙운송비, 수출통관비
FOB	선적항까지의 내륙운송비, 수출통관비, 선적비용
CFR	선적항까지의 내륙운송비, 수출통관비, 선적비용. 목적항까지의 해상운임
CIF	선적항까지의 내륙운송비, 수출통관비, 선적비용. 목적항까지의 해상운임, 적하보험료
CPT	선적항까지의 내륙운송비, 수출통관비, 선적비용. 목적지까지의 모든 운송비
CIP	선적항까지의 내륙운송비, 수출통관비, 선적비용. 목적지까지의 모든 운송비, 적하보험료
DAP	선적항까지의 내륙운송비, 수출통관비, 선적비용. 목적지까지의 모든 운송비, 적하보험료

거래조건	부대비용
DPU	선적항까지의 내륙운송비, 수출통관비, 선적비용. 목적지까지의 모든 운송비, 목적지에서의 양하비, 적하보험료
DDP	선적항까지의 내륙운송비, 수출통관비, 선적비용. 목적지까지의 모든 운송비, 적하보험료, 수입통관비용(관세 및 수입관련세금, 통관수수료 등)

수출원가를 계산할 때 물류비용은 포워더, 보험회사, 관세사 등으로부터 견적을 입수해서 산출한다. 물류비용 중 가장 큰 비중을 차지하는 운송비에 대해서는 복수의 포워더로부터 견적을 입수해서 서비스와 가격 면에서 경쟁력 있는 포워더를 선택하는 것이 바람직하다.

실무적으로 수출원가를 사전에 100% 정확하게 산출하는 것은 불가능하다. 원가를 계산할 때와 비용을 정산할 때 적용되는 물류비용과 각종 수수료가 다를 수 있고 환율도 변하기 때문이다. 따라서 원가를 계산할 때는 가격경쟁력을 훼손하지 않는 범위 안에서 약간 여유를 두는 것이 바람직하다.

5장

전시회 및 해외조달

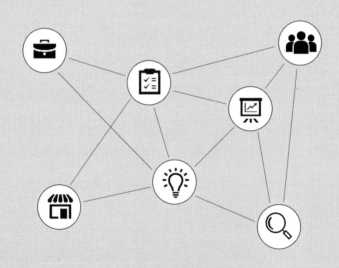

1
전시회

전시회는 해외시장 직접 진출 여부와 상관없이 효과적인 마케팅 방법의 하나다. 직접 진출할 경우에는 전시회를 통해서 현지의 최종소비자와 유통업자들에게 자사제품의 특징이나 장점 등을 홍보하는 기회로 활용할 수 있고, 해외거래처를 통해 간접적으로 진출할 때는 전시회를 자사제품 홍보뿐만 아니라 해외의 유력 수입업체를 만나는 기회로 활용할 수 있다. 전시회 개요와 효과적 활용방안은 다음과 같다.

1) 전시회의 기능

① 기업 및 제품 홍보

전시회의 가장 대표적 기능은 하나의 공간에서 다양한 기업이 자신들의 기업과 제품을 홍보하는 데 있다. 이미 시장을 선점한 기업은 전시회를 통해서 기업과 제품의 이미지를 높이고 자사의 주력제품과 신제품을 홍보할 수 있으며, 새로 시장에 진입하는 기업은 최종소비자뿐만 아니라 해당 제품을 취급하는 국내외 거래처들에게 기업과 제품을 소개하는 장소로 활용할 수 있다.

② 신규거래처 개발

기존업체와 신규업체 모두 전시회를 새로운 거래처 개발 장소로 활용할 수 있다. 전시장에서는 실제 물건을 보면서 구체적으로 상담할 수 있으므로 신규거래처 개발이 용이하며 서면으로만 접촉하는 것보다 신규거래관계를 수립하기까지 걸리는 시간을 단축할 수 있다.

③ 신규주문 상담

전시회는 기업과 제품을 홍보하는 데 그치지 않고 신규거래처 및 기존거래처와의 신규주문을 상담하고 계약을 체결하는 장소로 활용할 수 있다.

판매자 입장에서는 상담에서 계약에 이르기까지 시간을 절약할 수 있고 구매자 입장에서는 한 장소에서 다양한 기업의 제품을 비교한 후 계약을 체결할 수 있다.

④ 시장정보 입수

전시회는 국내외로부터 다양한 기업이 제품을 출품하고 참관하므로 한 장소에서 최신 시장정보를 입수하는 기회로 활용할 수 있다. 참관객은 전시회에 출품한 다양한 기업과 미팅하면 최신 시장정보를 입수할 수 있고 출품사는 참관객들과의 미팅뿐만 아니라 다른 출품사들의 부스를 방문해서 다양한 시장정보를 입수할 수 있다. 전시회 기간에 개최되는 다양한 부대행사에서도 최신 시장동향과 향후 시장전망에 관한 정보를 입수할 수 있다.

⑤ 경쟁사 동향 파악

전시회는 자사제품 홍보나 신규거래처 개발뿐만 아니라 경쟁사의 동향을 파악하는 데도 유용하게 활용할 수 있다. 전시회 기간에 경쟁사들이 공개하는 신제품 관련 정보뿐만 아니라 경쟁사 주력상품에 대한 반응, 가격동향을 체크함으로써 자사제품의 마케팅전략을 수립할 때 참고할 수 있다.

2) 전시회 현황

전 세계적으로 연간 1만 7,000여 개의 전시회가 개최되며 이 중 유럽과 북미 지역에서 개최되는 전시회가 전체의 약 70%를 차지한다.

중국의 전시산업도 비약적으로 발전해 150여 군데 전시장에서 연간 2,500여 개의 전시회가 개최된다.

전시산업이 가장 발달한 나라는 독일로, 전 세계에서 개최되는 유명 전시회의 3분의 1가량이 독일에서 개최되고 연간 방문객이 1,000만 명에 이를 정도로 호황을 이룬다.

독일전시회는 단순히 기업이나 제품을 홍보하는 데 그치지 않고 현장에서 계약이 체결되는 실무형 전시회로, 독일의 무역거래 중 60~70%가 전시회장에서 계약이 체결된다.

전 세계에서 개최되는 전시회 중에는 규모나 지명도 면에서 떨어지는 것도 많으므로 가급적 규모가 크고 유명한 전시회에 참가하는 것이 바람직하다. 전 세계적으로 알려진 유명 전시회를 품목별로 소개하면 다음과 같다.

품목	개최국	도시	전시회명
가구	독일	쾰른	Imm Cologne
가전	미국	라스베이거스	CES
광학	이탈리아	밀라노	MIDO
건설장비	독일	뮌헨	BAUMA + MINING
공작기계	독일	하노버	EMO
금형	독일	프랑크푸르트	EuroMold
기계	독일	하노버	HANNOVER MESSE

품목	개최국	도시	전시회명
냉방공조	미국	뉴욕	Int'l AHR EXPO
모피 및 혁제의류	독일	프랑크푸르트	Fur & Fashion Frankfurt
문구 및 선물용품	독일	프랑크푸르트	Paperworld
미용	이탈리아	볼로냐	COSMOPROF
보석	스위스	바젤	Baselworld
서적	독일	프랑크푸르트	Frankfurt Book Fair
소비재	독일	프랑크푸르트	Ambiente
스포츠	독일	뮌헨	ISPO Summer/Winter
식품	독일	쾰른	Anuga
악기	독일	프랑크푸르트	Musikmesse
영상기기	독일	쾰른	Photokina
완구	독일	뉘른베르크	Spielwarenmesse
의료기기	독일	뒤셀도르프	MEDICA
의류	프랑스	파리	PRET A PORTER PARIS
자동차	독일	프랑크푸르트	IAA
전자부품	독일	뮌헨	Electronica
전자제품	미국	라스베이거스	CES
정보통신	독일	하노버	CeBIT

3) 전시회 종류

전시회는 일반대중을 상대로 기업과 제품 홍보를 주목적으로 운영하는 일반전시회와 무역거래를 촉진하고 해외거래처 개발을 주목적으로 운영하는 무역전시회로 구분할 수 있다.

전시회는 또한 다양한 품목을 한 장소에서 전시하는 종합전시회와 특정 품목을 전문적으로 취급하는 전문전시회로 나눌 수 있다.

다양한 소비자를 상대로 기업과 제품을 홍보하고 브랜드를 알리기 위해서는 종합전시회에 출품하는 것도 고려해볼 만하지만 특정 품목을 홍보하고 국내외거래처를 개발하려면 해당 품목을 전문적으로 취급하는 전문전시회에 출품하는 것이 바람직하다.

앞서 전시회 현황에서 소개한 전시회들은 각각 해당 분야에서 세계적으로 알려진 전문전시회이므로 참가할 전시회를 결정할 때 우선적으로 검토해볼 필요가 있다.

4) 전시회 참가절차

전시회에 참가하기 위해서는 다음과 같은 절차를 거쳐야 한다.

• 참가할 전시회 선정

- 참가신청
- 사전마케팅
- 전시품 발송
- 전시회 참가
- 전시품 반송
- 사후관리

5) 전시회 선정기준

참가할 전시회는 다음과 같은 기준으로 선정한다.

① 전시회 성격

현지의 일반소비자를 대상으로 하는 일반전시회인지 해외거래처 개발을 주목적으로 하는 무역전시회인지와 다양한 품목을 한자리에서 전시하는 종합전시회인지 특정 품목을 전문적으로 취급하는 전문전시회인지 확인해서 참가목적에 맞는 전시회를 선정한다.

② 전시장 위치

전시회가 개최되는 장소가 어딘지 확인한다. 가급적이면 교통이 편리하고 방문객들이 접근하기 쉬운 전시장에서 열리는 전시회를 우선적으로 고려한다.

③ 개최시기

전시회 개최시기를 확인해서 참가 여부를 결정하는 데 참고한다. 특정 품목을 취급하는 전문전시회는 주요 국가를 돌면서 연속해 개최되는 경우가 많으므로 해당 품목의 전시회가 집중되는 시기에 개최되는 전시회에 참가하는 것이 바람직하다.

④ 전시장 면적

전시회의 규모는 전시장의 면적으로 가늠할 수 있으므로 전시장 면적을 확인해서 전시장 면적이 넓은 전시회에 참가하는 것을 우선적으로 고려한다.

⑤ 출품업체 수

출품업체 수에 비례해서 방문객이 늘어나게 마련이므로 출품업체 수가 많은 전시회에 참가하는 것이 바람직하다.

⑥ 방문객 수

방문객 수가 많을수록 새로운 거래관계를 맺을 기회가 늘어나기 마련이므로 가급적 방문객 수가 많은 전시회에 참가한다.

⑦ 유명 바이어 참관 여부

방문객 수는 많으나 유명 바이어가 많이 찾지 않는 전시회는 바이어를 개발하기 위해 참가하는 출품사로서는 별로 바람직하지 않다. 따라서 방문객 수와 상관없이 유명 바이어가 많이 참관하는지 확인해서 가급적 유명 바이어가 많이 참관하는 전시회에 참가한다.

6) 전시회 참가신청

유명 전시회의 경우 참가신청이 조기에 마감될 수 있으므로 참가신청을 서두르는 것이 좋다. 일반적으로 참가신청 순으로 부스를 배정하므로 가급적 빨리 참가신청을 함으로써 좋은 위치에 있는 부스를 배정받도록 한다. 전시회 참가신청요령과 절차에 대해서는 해당 전시회에서 운영하는 웹사이트를 참고하면 된다.

7) 전시회 참가예산

전시회 참가예산은 다음과 같은 비용을 감안하여 수립한다.

① 전시부스 임차비

통상적으로 전시부스 임차비는 면적에 비례하여 결정되므로 먼저 전시면적을 결정한 후 해당 면적의 임차비를 확인한다.

② 전시부스 장치비

전시부스에 시설물을 장치하고 디자인하는 비용으로 전시회 주최 측이나 전문장치업체를 통해서 예상 비용을 확인한다.

③ 전시부스 관리비

전시회 운영자 측에서 부스 임차비와 별도로 청구하는 부스 관리비로, 부스 임차비와 마찬가지로 부스 면적에 비례하여 관리비가 결정되는 것이 일반적이다.

④ 전시품 물류비용

전시품을 전시장까지 운반하는 데 발생하는 운송료, 보험료, 통관비용 등을 망라한 비용으로, 전시회 운영자 측에서 추천하는 운송대리인을 통해 견적을 입수할 수 있다.

⑤ 사전마케팅비용

전시회 개최 전에 기존거래처를 포함한 해외거래처들에게 전시회를 홍보하고 전시회참관을 요청하는 데 필요한 비용이다.

⑥ 전시장 운영비용

전시기간 중 전시장에서 일하는 전시요원들에게 지급하는 비용과 방문객들에게 사용하는 비용이다.

⑦ 출장비

전시회에 참가하기 위해 현지로 출장 가는 직원들의 항공료, 숙박비 등 여행경비이다.

8) 전시품 발송

전시품은 가급적 전시회 운영자 측에서 추천하는 운송대리업체를 통해서 전시장으로 발송하되 전시회 운영자 측에서 정한 기한 안에 도착할 수 있도록 여유 있게 보내야 한다. 이때 상대국 통관과정에서 관세가 부과되지 않도록 ATA Carnet를 발급받는다. ATA Carnet는 중남미와 아프리카를 제외한 ATA협약 가입국 사이에 통용되는 무관세 임시통관증서로, 대한상공회의소에서 발급받을 수 있다.

9) 전시회 사전마케팅

전시회를 성공적으로 이끌기 위해서는 사전마케팅에 관심을 기울여야 한다. 사전마케팅이란 전시회가 개최되기 전에 마케팅 활동을 펼치는 것을 뜻한다. 구체적인 실천방법으로는 다양한 매체를 통해서 전시회 출품사실을 홍보하거나 기존거래처는 물론 잠재고객들에게 무료입장권을 첨부한 초청장을 발송하고 전시장에서의 미팅 약속을 구체적으로 잡는 것 등을 들 수 있다.

10) 전시회 준비물

전시회에 참가하려면 전시장에 출품할 전시품 외에 다음과 같은 것들을 준비해야 한다.

① Leaflet, catalog, brochure

전시회 기간에 전시부스 방문객들에게 배포할 수 있도록 회사 및 제품을 소개하는 소책자나 전단을 준비한다. 방문객들 중에는 시간 제약 때문에 전시기간 중 출품사들이 전시하는 내용을 꼼꼼히 살펴보는 대신 각 부스에서 배포하는 자료를 수집했다가 전시회가 끝난 뒤 한꺼번에 검토하는 이들이 많다. 이들에게 좋은 인상을 심어주고 충분한 정보를 제공할 수 있도록 자료준비에 만전을 기한다.

② Price list

전시회 기간에 구체적 상담을 원하는 방문객들에게 제공할 수 있도록 가격표를 준비한다. 전시회 기간에 배포하는 가격표는 경쟁사에게도 유출될 수 있음을 감안하여 작성하고 가격정보가 노출되는 것이 바람직하지 않은 경우에는 구체적 상담에 응하는 방문객에 한해서 배포한다. 필요한 경우에는 기존거래처와 신규거래처에 배포할 가격표를 따로 준비해서 상황에 맞게 상담에 응한다.

③ Business card

전시장에서 상담하기 전에 교환할 수 있는 명함을 준비한다. 명함은 충분한 양을 준비하고 방문객들이 전시회 기간에 받게 되는 수많은 명함 중에서 기억하기 쉽도록 회사나 제품소개 등을 간단히 명함에 표시하는 것도 고려해볼 만하다.

전시회 기간에 수많은 방문객과 상담을 하고 명함을 교환하기 때문에 전시회가 끝나고 누구 명함인지 기억하기가 곤란하므로 상담이 끝날 때마다 상대방에게서 받은 명함 뒷면에 상담내용이나 특기사항을 간단히 메모해두는 것이 좋다.

④ sample

제품의 크기나 가격이 마땅할 경우 방문객들에게 제공할 샘플을 준비한다. 가급적이면 많은 양을 준비하되 구체적 구매의사 없이 샘플만 챙겨가는 경우에 대비해 상담용 샘플을 따로 준비하는 것이 좋다. 전시장에서 샘플을 제공하기 곤란할 때는 전시회가 끝난 뒤 따로 발송할 수 있도록 방문객 연락처를 받아놓는다.

⑤ 홍보물

전시장 방문객들에게 나눠줄 수 있도록 회사명이나 상표명이 들어간 필기구, 머그컵, 메모지, 쇼핑백 등을 준비한다. 전시회 기간에 각 출품업체에서 다양한 홍보물을 준비하는 것을 감안하여 가급적 다른 출품사들의 홍보물과 중복되지 않도록 유의한다. 방문객들에게 홍보물을 배포할 때는 차별적으로 해서 방문객들의 기분을 상하는 일이 없도록 조심한다.

⑥ 시연장비

제품의 특성상 실제로 작동법이나 모양을 보여줄 필요가 있는 경우 현장에서 직접 보여주거나 비디오를 통해서 보여줄 수 있도록 관련 장비를 준비한다. 시연장비는 전시회 주최 측이나 주최 측에서 소개하는 전문대여업체를 통해서 임대할 수 있으나 여의치 않을 때는 직접 준비한다.

작동법을 현장에서 보여주거나 비디오로 준비할 때는 방문객들이 이해하기 쉽도록 시연안을 준비하고 필요하면 작동법이 담긴 CD 등을 준비해서 방문객들에게 배포한다.

⑦ 음료 및 다과

상담할 때 제공할 수 있도록 간단한 음료와 다과를 준비한다. 여건이 허락한다면 부스 한쪽에 바(bar) 형태의 공간을 마련해서 방문객들에게 음료와 다과를 제공함으로써 방문객들이 좀더 긴 시간 부스에 머물러 있도록 유도한다.

11) 전시부스 설치

전시장에는 다수의 전시부스가 촘촘히 연결되어 있어서 방문객들의 시선을 끌기가 쉽지 않다. 사전에 미팅 약속을 잡지 않은 방문객들은 그냥 지나쳐갈 개연성도 높다. 따라서 전시장 안에서 방문객들의 시선을 끌 수 있도록 차별화된 디자인을 도입하고 조명에도 신경 써야 한다. 또 부스 안에 방문객들과 상담할 공간을 마련하고 품목에 따라 제품시연장비를 갖춘다.

전시회 운영자 측에서는 기본 부스설치 및 부스 안에 구비할 물품, 장비를 유료로 제공하지만 좀더 차별화된 부스를 설계하고 싶다면 외부의 전문업체에 의뢰해야 한다.

12) 전시회 현장마케팅

전시회 기간에 전시부스를 방문하는 방문객들을 상대로 하는 현장마케팅을 성공적으로 수행하기 위해서는 다음과 같은 준비를 철저히 해야 한다.

① 상담요원 충분히 확보

다수의 출품업체가 줄지어 있는 전시장에서 상담요원이 부족한 것은 치명적이다. 상담 차례를 기다리기보다는 그냥 지나쳐갈 확률이 높기 때문이다. 상담요원이 부족해서 상담을 서두르는 것도 방문객들에게 좋은 인상을 줄 수 없다. 따라서 방문객들의 상담요구에 여유 있게 대처할 수 있도록 상담요원을 충분히 확보하는 것이 바람직하다.

② 자료 준비는 충분히

전시회에 오는 사람들 중에는 전시장에서 구체적인 상담을 하기보다는 자료만 챙겨갔다가 나중에 연락하는 이들도 많다. 이런 이들을 잠재고객으로 확보하려면 회사와 제품에 대한 정보를 충분히 제공할 수 있는 자료를 준비해야 한다.

③ 홍보물 제공

세계적으로 알려지고 대규모 전시회일수록 출품업체가 많아서 방문객이 출품업체 전부를 꼼꼼히 살펴보기 어렵다. 따라서 방문객들의 관심을 끌고 전시회가 끝나고도 기억할 수 있도록 회사명이나 상표가 부착된 홍보물을 제공하는 것이 좋다. 전시회 기간에 제공하는 홍보물로는 필기구, 머그컵, 메모장, 쇼핑백 외에 다양한 아이디어 상품이 있으며, 홍보물 전문제작업체와 충분히 협의해서 홍보물의 종류와 디자인 등을 결정한다.

④ 제품시연회

제품의 특성상 실제 작동방법을 보여줄 필요가 있을 때는 부스 안에서 시연할 수 있는 공간을 마련하거나 직접 보여주기 힘든 경우에는 비디오를 통해서 보여줄 수 있도록 관련 기자재를 준비한다.

13) 전시회 상담요령

전시회에서 성공적인 결과를 얻기 위해서는 전시장을 방문하는 해외거래처와 상담을 효과적으로 진행해야 한다. 전시장에서의 효과적인 상담요령은 다음과 같다.

① 상담이 구체적으로 진행될 수 있도록 노력한다

전시장에서의 상담이 단순히 회사나 제품을 소개하는 데 그치지 않고 좀더 구체적인 상담이 되도록 미팅자료를 충분히 준비해서 상담에 임한다. 전시장에서는 간단한 소개만 하고 구체적 상담은 전시회가 끝난 뒤 해도 늦지 않다고 생각할 수 있으나 전시회가 끝나고 복귀하면 대부분 밀린 업무를 처리하느라 바빠서 후속상담이 어렵거나 지체된다. 따라서 전시장에서 좀더 구체적인 상담을 벌임으로써 실제 거래관계가 수립될 수 있도록 노력해야 한다.

② 편안한 분위기를 연출한다

전시회의 특성상 분위기가 산만하여 회의에 집중하기 어려우므로 가급적 상대방이 편안하게 회의에 집중할 수 있도록 배려한다. 가벼운 마음으로 전시부스를 둘러보는 관람객에게 지나친 관심을 보이면 불편해할 수 있으므로 편하게 둘러볼 수 있도록 배려하고 자연스럽게 구체적 상담을 유도한다.

③ 자사제품의 차별성을 강조한다

전시회는 한 공간에서 모든 경쟁사의 제품을 볼 수 있으므로 타사제품과의 차별성을 부각하는 데 주력하는 것이 바람직하다. 전시회 기간에 타사제품과 차별성이 없는 제품의 용도나 성능의 홍보에만 주력하다보면 경쟁사에게만 좋은 일을 할 수도 있다는 점을 유념할 필요가 있다. 자사제품만 별도로 보여줄 수 있는 자체 전시장과 경쟁사 제품을 한자리에서 볼 수 있는 전시회의 차이를 인식하는 것이 중요하다.

④ 방문객의 명함을 챙긴다

상담이 전시장에서 구체적으로 진행되도록 노력하더라도 최종계약에 성공하는 경우는 흔치 않다. 따라서 전시회가 끝나고도 후속상담이 원만하게 진행될 수 있도록 상대방의 연락처가 담긴 명함을 챙겨두는 것이 좋다.

⑤ 상담일지를 작성한다

전시회 기간에는 세계 각국에서 온 다양한 방문객과 연속하여 상담하게 되므로 전시회가 끝나고 나면 전시회 기간에 협의한 내용을 정확하게 기억하기가 쉽지 않다. 따라서 전시회 기간에 상담내용을 그때그때 상담일지 형식으로 작성해둠으로써 후속상담을 원활히 할 수 있도록 대비한다.

⑥ 방문객을 차별하지 않는다

전시회 기간에 가장 조심해야 할 일이 방문객을 차별하는 것이다.

기존거래처나 유명거래처 위주로 상담일정을 잡고 생소한 방문객을 홀대하는 인상을 주면 새로운 거래처를 개발한다는 전시회 참가 목적이 훼손될 개연성이 크다. 따라서 전시장에서는 방문객과의 친소 여부나 소속회사가 어딘지와 상관없이 성심을 다해서 상담할 필요가 있다.

14) 전시회 사후관리

전시회가 끝나면 전시부스를 정리하고 전시물품을 본국으로 실어보내는 등의 후속작업과 함께 전시회 기간에 이루어진 상담을 정리하고 후속상담을 이어가야 한다. 전시회가 끝난 뒤에 해야 할 일은 다음과 같다.

① 전시장 철수
전시장에 설치했던 기물을 정리하고 전시물품이 착오 없이 본국으로 반송되도록 조치한다.

② 상담일지 정리
전시회 기간에 작성한 상담일지를 정리해서 방문객별로 후속상담에 대비한다.

③ 상담내용 후속처리

전시회 기간에 마무리되지 않았거나 방문객이 추가로 요청한 자료 등을 보내주고 추가상담을 벌여 오더가 성사되도록 노력한다.

④ 감사메일 발송

전시회 기간에 부스를 방문한 고객들에게 감사메일을 발송함으로써 추가상담을 유도한다.

2
해외조달

해외조달이란 세계 각국의 행정기관이나 UN 등 국제기구가 상품 및 서비스를 구매하는 것을 뜻하는데, 전 세계 GDP의 10~15%를 차지할 정도로 거대한 시장을 형성하고 있다. 따라서 해외조달시장에 성공적으로 진출함으로써 해외마케팅의 효과를 극대화할 수 있다. 해외조달시장의 구체적 내용은 다음과 같다.

1) 해외조달시장의 특징

기업 간의 거래와 비교했을 때 해외조달시장의 특징은 다음과 같다.

① 안정적 수요를 기대할 수 있다

해외조달시장에서의 구매자인 행정기관이나 국제기구는 일반무역거래에서의 구매자인 기업에 비해 월등히 안정적인 조직이기 때문에 일단 거래가 성사되면 안정적이면서도 장기적인 거래를 기대할 수 있다.

② 대금회수 위험이 적다

일반기업과 달리 행정기관이나 국제기구의 경우 부도 날 확률이 거의 없기 때문에 대금회수 걱정 없이 거래를 추진할 수 있다.

③ 외국기업에 대한 진입장벽이 높다

각국 행정기관에서는 자국기업을 우대하는 정책을 펼치는 경우가 많아서 외국기업이 현지기업과 동일한 조건에서 경쟁하기 어려운 경우가 많다. 이와 같은 문제를 해결하기 위해서 WTO에서는 WTO GPA(Government Procurement Agreement)를 제정해서 회원국 간 일정규모 이상 정부조달에 대해서는 외국기업에 대한 차별을 배제하도록 했다. 또 각국 간 FTA 협상에서도 정부조달 상한선을 낮추는 방향으로 협의된다.

한미 FTA에서는 정부조달시장의 개방 상한선을 19만 달러에서 10만 달러로 하향조정하였으며 미국정부조달에 참가할 때 요구하던 정부조달실적 요구조항을 철폐했다.

한편 국제기구는 특정국가에 속하지 않았기 때문에 비교적 공정한 경쟁이 보장된다.

2) 해외조달시장 진출유형

해외조달시장에 진출하는 방식에는 직접진출방식과 간접진출방식이 있으며 구체적 내용은 다음과 같다.

① 직접진출

각국 정부나 국제기구에서 주관하는 경쟁입찰을 통해서 직접진출하는 방식이다. 장기적으로 안정적인 조달시장 진입이 가능하나 입찰자격을 획득하기가 쉽지 않다는 문제가 있다. 직접진출방식의 거래는 벤더등록 → 입찰참가 → 계약 → 납품 순으로 이루어진다.

② 간접진출

발주처와 계약을 체결한 주계약자(Prime Contractor)에게 하청형태로 납품하는 방식이다. 직접 입찰 참여에 따르는 복잡한 절차를 피할 수 있다. 간접진출방식의 거래는 주계약자 접촉 → 계약 → 납품 순으로 이루어진다.

3) 정부조달시장

정부조달시장이란 세계 각국 정부가 상품, 서비스를 구매하는 시장을 뜻한다. 정부조달시장은 나라마다 각기 다른 규정과 절차에 따라서 거래되는데, 세계 최대 규모의 조달시장인 미국의 경우를 살펴보면 다음과 같다.

- 국방부가 전체 조달시장의 70%를 차지하지만 특별한 경우를 제외하면 외국산 제품을 구매하지 않는다.
- 조달청(General Services Administration, GSA)에 납품하는 것이 대표적인 직접진출방식이다.
- 조달계약은 공개경쟁입찰(Sealed Bidding) 또는 협상에 의한 계약방식(Contracting by Negotiation)으로 이루어진다.
- 직접진출하기가 어려우면 프라임벤더(Ingram Micro, Tech Data, Synnex 등)의 2차 벤더로 납품할 수 있다.
- 중소기업과 사회적 약자(여성, 장애인 등) 우대제도를 적극적으로 활용할 필요가 있다.

4) 국제기구조달시장

국제기구조달시장이란 UN본부와 42개 산하기관에서 인도적 지원, 평화유지 및 기술협력 등을 위해 전 세계 기업을 상대로 물품과 서비스를 조달하는 시장으로 구체적 내용은 다음과 같다.

- 국제기구는 소속국가가 따로 없으므로 자국기업을 우선 배려하는 정부조달시장보다 상대적으로 진출 가능성이 높다.
- 다양한 품목(음식, 의약품, 차량, 임시수용소와 주택, 건설장비 등)을 소량으로 구매하는 경우가 많아서 중소기업에 적합하다.
- UNGM(UN Global Marketplace)에 등록한 업체를 상대로 조달대상가격이 3만 달러 이하인 경우에는 RFQ(Request for Quotation), 3만 달러 이상인 경우에는 ITB(Invitation to Bid) 또는 RFP(Request for Proposal) 방식으로 업체를 선정한다.

5) 해외조달시장 진출지원

해외조달시장에 진출하고자 하는 업체들은 다음과 같은 지원을 받을 수 있다.

지원내역	지원기관
정보지원	한국무역협회, 중소기업청, 조달청해외조달센터 (www.pps.go.kr/gpass)
마케팅지원	KOTRA(정부조달사업팀 운영), 중소기업청(민간해외지원센터), 중소기업청(글로벌네트워크 Agency 사업팀)
금융지원	무역보험공사(해외정부조달 수출보험, 해외공사보험), 수출입은행(대출 및 이행보증), 중소기업청(수출용 생산비용 소요자금 대출)

6장

해외고객관리

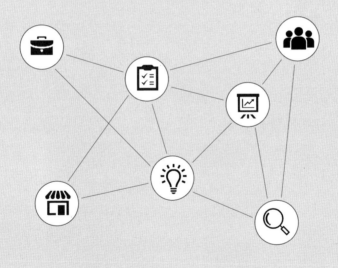

해외고객관리란 해외마케팅의 대상이 되는 고객을 어떻게 관리하느냐는 것이다. 해외시장에 진출할 때 전략을 수립하고 실행에 옮기는 것도 중요하지만 고객관리를 어떻게 하느냐에 따라 장기적으로 해외마케팅의 성패가 갈릴 수 있다. 해외고객관리의 구체적 내용을 해외시장에 직접 진출할 경우와 해외거래처를 통해서 간접 진출할 경우로 나누어 살펴본다.

1
해외소비자관리

해외시장에 직접 진출할 경우 해외마케팅의 주대상이라고 할 수 있는 현지의 최종소비자를 지속적으로 관리하는 것이 중요하다. 현지의 최종소비자를 효과적으로 관리하기 위한 방안은 다음과 같다.

1) 다양한 판촉

소비자들의 구매욕을 불러일으키기 위한 다양한 판촉활동을 펼친다. 각종 판촉물 및 사은품 제공, 경품제공, 특별가격할인, 중고품보상판매, 마일리지 제공 등을 추진하고 SNS를 통한 입소문마케팅에도 관심을 기울인다. 판촉방법이나 판촉물을 선정할 때는 경쟁업체들과 차별화되도록 지속적으로 참신한 아이디어를 개발한다.

2) 소비자 반응 모니터링

소비자들의 다양한 반응을 모니터링해서 기업 이미지를 높이고 제품을 개선하는 데 반영한다. 이를 위해 자체 웹사이트를 비롯한 다양한 통로를 동원해 소비자들의 반응을 모니터링하고 특히 SNS에서의 소비자 반응에 귀를 기울인다. 또 소비자 반응을 반영한 제품이나 서비스의 개선사항을 그때그때 웹사이트나 SNS를 이용해 소비자에게 홍보함으로써 소비자의 반응에 항상 귀를 기울인다는 사실을 각인시킨다.

3) 불만사항 접수 및 처리

시장관리를 지속적으로 하려면 소비자들의 불만사항을 신속하게 접수하고 처리할 수 있는 시스템을 운영하는 것이 중요하다. 이를 위해 불만사항 접수 및 처리 전담창구를 운영하고 웹사이트 등을 통해 이를 홍보하여 소비자들이 불만사항을 접수하는 데 불편함이 없도록 한다.

접수된 불만사항은 처리시한을 정해놓고 가장 빠른 시간 안에 처리하도록 하며 부득이하게 처리가 늦어질 경우, 정확한 사유를 설명하고 소비자들의 양해를 구한다.

4) 신속 정확한 애프터서비스

애프터서비스가 필요한 제품을 신속하면서도 정확하게 서비스하기 위해서 애프터서비스에 필요한 조직과 부품 등을 충분히 확보한다. 특히 해외소비자들은 수입품의 애프터서비스가 국산제품의 애프터서비스에 비해 시간이나 비용 면에서 불리하다고 생각하는 경향이 있으므로 이런 걱정을 털어버릴 수 있도록 애프터서비스에 만전을 기한다. 애프터서비스가 끝난 뒤에는 서비스 과정에서 불편함이 없었는지를 모니터링해서 개선안을 마련한다.

5) 단골고객관리

충성도가 높은 단골고객을 별도로 관리하는 프로그램을 운영함으로써 단골고객의 이탈을 막고 지속적인 구매를 유도한다. 구체적 방안으로는 사은품 제공, DM발송, 특별할인, 문화행사초대, 전용상담센터 운영 등을 꼽을 수 있다.

2

해외거래처관리

해외거래처를 통해서 간접적으로 해외시장에 진출할 때는 해외거래처와 좋은 관계를 유지하는 것이 무엇보다 중요하다. 그러기 위해서는 해외거래처와의 상담요령을 익히고 국제매너를 숙지해야 한다. 또 클레임이나 분쟁이 발생했을 때 이를 원만하게 해결하기 위한 방안을 강구하고 국가별 특성과 대응전략을 수립할 필요가 있다. 이와 관련한 구체적 내용은 다음과 같다.

1) 해외거래처 상대요령

해외시장에 성공적으로 진출하기 위해서는 거래제의 단계부터 거래가 진행되는 동안은 물론 거래가 끝나고 나서도 해외거래처와 우호적인 관계를 유지하는 것이 중요하다. 해외거래처와 우호적인 관계를 유지하기 위한 요령은 다음과 같다.

① 처음 접촉은 짧게 하라

해외거래처에 처음 보내는 거래제의 서신은 가급적 짧게 작성하는 것이 좋다. 공연히 의욕에 넘쳐서 서신을 장황하게 작성하면 오히려 역효과가 날 수 있다. 자고로 말이 많은 사람에게는 믿음이 가지 않게 마련이다. 짧지만 호소력 있게 자신의 의사를 전달함으로써 좋은 인상을 줄 수 있다.

더 자세한 내용은 상대방의 일차 반응을 본 다음에 풀어놓아도 늦지 않는다. 처음부터 너무 구체적인 내용까지 다 공개해서 상대방의 관심을 끌 만한 여지를 없애는 것보다는 기본 사항은 언급하되 상대방 반응에 따라 신축적으로 대응할 여지를 남겨놓을 필요가 있다.

② 소스를 공개하라

해외거래처를 처음 접촉할 때는 반드시 상대방을 알게 된 경위를 소상히 밝히는 것이 좋다. 상대방을 알게 된 경위를 밝히지 않고 단도직입적으로 거래를 제의하는 것은 예의에도 어긋날뿐더러 무작위로 여기저기 접촉하는 듯한 인상을 주어 호의적인 답장을 기대하기 어렵다.

업체에 따라서는 자신을 알게 된 경위에 따라 각기 다르게 대응하는 곳도 있으므로 상대방을 알게 된 소스를 공개하는 것이 다음 단계로 넘어가는 데 도움이 된다.

③ 사적인 접촉과 공적인 접촉을 조화롭게 활용하라

비즈니스도 어차피 인간이 하는 것이니 만큼 너무 공적으로만 상대방을 대하면 지속적인 거래관계를 유지하기 힘들어질 수도 있다. 그렇다고 공적인 업무처리는 소홀히 하면서 사적인 관계를 유지하는 데만 신경 쓰는 것도 올바른 태도라고 볼 수 없다.

가장 좋은 방법은 평소에는 공적으로 상대를 대하다가도 가끔 상대방과 사적으로 교류하면서 인간적으로 가까워지는 것이다. 예를 들어 상대방 국가에 큰 재난사고가 발생했을 때 공적인 서신 끝 무렵에 상대방의 안부를 묻는다든지, 휴가철이 되면 멋진 휴가를 보내기를 기원하겠다는 등의 메시지를 보냄으로써 상대방에 대한 사적 관심을 표현하는 것이 공적 관계를 유지하는 데도 도움이 된다.

④ 감정을 상하게 하지 마라

어떤 경우든 상대방 감정을 상하게 하는 것은 절대 금물이다. 특히 미국이나 유럽 회사들은 담당자가 모든 것을 알아서 처리하는 일이 많은데 상대방의 감정을 상하게 했다가는 그다음 업무처리에 지장을 초래하는 경우가 많다. 예를 들어 메일에 대한 답장이 늦는다든지 서류를 제때 보내주지 않아서 일이 꼬이더라도 상대방에게 사실을 있는 그대로 전달하고 빨리 조치를 취해달라는 정도에서 그치는 것이 좋다.

당신 때문에 어마어마한 피해를 입게 되었는데 도대체 이럴 수 있느냐는 식의 대응으로 상대방 감정을 거슬리는 것은 문제해결에는 도움이 되지 않으면서 상대방과의 관계만 악화시킬 수 있으므로 현명한 대처 방식이라고 볼 수 없다.

⑤ 자신의 카드를 먼저 보여주지 마라

중요한 협상자리에서 구체적 사안에 대해 논의할 때 상대방부터 의견을 제시하게 하는 것이 유리하다. 예를 들어 독점권 유지를 위한 연간 목표액이나 가격인하를 위한 최소 오더량 등을 결정할 때 먼저 상대방 의견을 들어본 다음 이쪽 생각을 얘기하는 것이 협상을 더 유리한 방향으로 유도할 수 있다.

드문 일이지만 자신이 제안하고자 했던 조건보다 더 유리한 조건을 상대방이 먼저 제시하는 경우도 있다. 이때 자신이 먼저 의견을 제시했다면 그만큼 손해를 보게 되는 것이다.

⑥ 상대방을 막다른 구석으로 몰지 마라

해외거래처의 잘못으로 문제가 발생한 경우 처음부터 너무 상대방을 몰아붙이다가는 '네 맘대로 해라' 또는 '법대로 해라'는 식의 반응을 보일 수 있으니 조심해야 한다. 너무 강하게 문제를 제기하면 다음 거래가 어려울 것으로 판단하고 그야말로 다시는 안 볼 사람을 대하듯 행동할 수 있기 때문이다.

그러므로 아무리 상대방의 잘못이 크더라도 있는 그대로 상황만을 정확하게 전달하면서 문제가 발생한 것이 상대방의 고의가 아니라 실수 때문이므로 이번 일만 잘 해결되면 계속 거래관계를 유지할수 있다는 암시를 주는 것이 바람직하다. 좀더 강력한 문제제기는 일단 걸려 있는 클레임 건이 해결된 후에 해도 늦지 않다.

⑦ 고마움을 표시하는 데 인색하지 마라

외국인을 상대할 때 사소한 호의에 대해서도 고마움을 표시하는 것을 잊지 말아야 한다. 특히 서양인들은 고마움을 표시하는 데 익숙해서 자신이 베푼 호의에 당연히 고마움을 표시할 것이라고 기대하는데 아무런 얘기가 없으면 좋은 감정을 갖게 될 리 없다.

공적인 서신을 작성할 때 특별한 경우를 제외하고는 무조건 thank라는 단어로 시작하는 습관을 들이는 것이 좋다. '말 한 마디로 천냥 빚을 갚는다'는 속담이 해외거래처를 상대하는 데도 적용된다는 것을 잊지 말자.

⑧ 상대방에 따라 다른 전략을 구사하라

사람이란 각자 생각이 다르기 때문에 똑같은 행동에 대해서도 각기 다른 반응을 보이게 마련이다. 특히 문화와 상관습이 다른 해외거래처를 상대할 때 상대방의 개성을 고려하지 않고 동일한 전략을 구사하다가는 낭패를 볼 수도 있다.

예를 들어 어떤 거래처는 매사를 확실하게 따지고 넘어가는 것을 좋아하는 반면, 너무 꼬치꼬치 따지는 것을 싫어하는 거래처도 있다. 매사에 확실한 것을 좋아하는 거래처와 대충 넘어가려고 하거나 이 것저것 따지고 드는 것을 탐탁지 않게 생각하는 거래처와 매사를 따지려 든다면 좋은 관계를 유지하기가 어려워질 수밖에 없다.

⑨ 상대방을 무리하게 설득하려고 애쓰지 마라

협상에서의 성패는 누가 상대방을 설득하느냐에 달려 있다고 보아도 지나친 말이 아니다. 서로 의견이 다른 당사자 간의 협상에서 상대방을 설득하는 사람이 승자가 되고 상대방으로부터 설득을 당하는 사람이 패자가 되는 것이 당연한 이치다. 따라서 협상에 임해서는 서로 상대방을 설득하려고 무진 애를 쓰게 된다.

이때 끝까지 설득당하지 않으려는 상대를 설득하려고 무리하게 몰아가다가는 공연히 감정을 상하게 해서 아예 협상이 무산될 수도 있다. 이런 파국적 결과를 피하려면 일단 상대방을 설득할 수 있도록 최선을 다하되 끝내 상대방이 양보하지 않는다면 차선의 대안을 강구하는 것이 현명하다.

⑩ 포기할 것은 과감하게 포기하라

해외거래처를 상대하다 보면 상대방을 잘못 만나서 사기를 당할 수도 있고 도저히 해결할 수 없는 어려움에 처할 수도 있다. 또는 아무리 상대방을 움직이려고 해도 통하지 않는 경우도 있다. 어떤 경우라도 끝까지 포기하지 말고 최선을 다하는 것이 바람직하지만 그렇다고 전혀 가능성이 없는 사안에 대해서조차 '불가능은 없다'는 식으로 밀어붙이다가는 공연히 시간과 비용만 허비할 수도 있으므로 때로는 포기할 줄도 아는 용기가 필요하다.

⑪ 기다릴 줄 아는 사람이 돼라

해외거래처와 일하다 보면 메일에 답장이 늦다든지, 오더에 대한 결정이 지체된다든지, 서류발급이 늦어진다든지 하는 다양한 이유로 마음이 조급해질 때가 있다. 그럴수록 상대방에게 현재 상황을 있는 그대로 설명하고 상대방의 조치를 촉구하는 정도에서 그쳐야지 상대방에게 짜증을 부린다든지 조급한 모습을 보여주는 것은 바람직하지 않다.

세상에는 성질이 급한 사람도 있고 느긋한 사람도 있기 마련이듯이 비즈니스를 할 때도 그날 받은 이메일의 답장을 그날 모두 보내야만 직성이 풀리는 사람이 있는가 하면 오랫동안 묵혀두었다가 한꺼번에 처리하는 사람도 있다. 일 처리가 늦은 사람에게 매일같이 답장을 해달라고 닦달하다가는 아예 거래가 끊기는 경우도 있다는 것을 되새겨볼 필요가 있다.

⑫ 남의 흉을 보지 마라

해외거래처 앞에서 다른 해외거래처의 흉을 보는 일은 하지 말아야 한다. 비즈니스의 세계란 상당히 좁아서 내가 한 말이 어느새 흉을 본 당사자에게 전해질 수도 있고 남의 흉을 잘 보는 사람을 상대할 때 자신의 흉도 볼 거라는 생각을 할 수 있기 때문에 마음을 열기가 어려워진다. 반대로 남 앞에서 제3자에 대한 칭찬은 많이 늘어놓을수록 좋다. 상대방으로 하여금 자신에 대해서도 좋은 얘기를 해줄 것이라는 느낌을 갖게 해주기 때문이다.

⑬ 솔직하라

해외거래처를 상대할 때 솔직한 것보다 더 강력한 무기는 없다. 상담이 지지부진해지거나 어려운 문제에 부딪혔을 때, 더는 해결방안이 생각나지 않을 때 상대방에게 모든 것을 솔직하게 털어놓고 이해를 구하는 것이 좋다. 이쪽에서 솔직하게 나가면 상대방도 솔직하게 자기 생각을 말하기 마련이다. 서로 솔직하게 대화를 나누다 보면 해결책이 나올 가능성이 높아진다.

⑭ 끝날 때 더 잘하라

비즈니스를 하다 보면 언젠가는 상대방과 관계를 끝내야 할 때가 있다. 비즈니스를 시작할 때는 상대방에게 잘 보이려고 무진 애를 쓰다가 비즈니스가 끝날 때는 언제 보았느냐는 듯이 뒤도 안 돌아보고

헤어지는 것은 프로비즈니스맨으로서 올바른 처신이라고 볼 수 없다.

비즈니스 관계란 한 번 끝났다가 재개될 수도 있으며 상대방의 입을 통해서 자신에 대한 평판이 회자될 수도 있다. 끝이 좋으면 모든 것이 좋은 것이라는 독일 속담을 상기해보자.

2) 국제매너

해외거래처와 좋은 관계를 유지하려면 국제매너에도 정통해야 한다. 매너 문제 때문에 해외거래처와의 관계가 영향을 받을 수도 있고 반대로 매너를 잘 지켜서 상대방에게 좋은 인상을 심어줌으로써 거래관계를 유지하는 데 도움이 될 수도 있다. 국제매너는 나라별, 지역별로 차이가 나지만 일반적으로 적용되는 국제매너는 다음과 같다.

① 약속매너
충분한 시간을 두고 약속을 정한다

해외거래처를 방문할 때는 충분한 시간을 두고 약속을 정하는 것이 바람직하다. 상대방의 스케줄도 확인하지 않고 출국이 임박해서 며칠 후에 방문하겠다고 일방적으로 통보하는 것은 예의에 어긋난다. 가급적 한 달 정도 여유를 두고 방문계획을 수립하고 상대방의 동의를 구한 뒤 방문일정을 확정하는 것이 좋다.

약속시간을 철저히 지킨다

해외거래처와의 약속시간은 정확히 지키는 것이 좋다. 약속시간보다 늦게 도착하는 것은 물론 너무 일찍 도착하는 것도 피해야 한다. 약속시간보다 늦게 도착하면 약속을 지키지 않는 사람이라는 인상을 심어주므로 피해야 하고 약속시간보다 일찍 도착하면 상대방이 다른 일정을 소화하는 것을 방해할 수 있으므로 피해야 한다.

초행이라 소요시간을 가늠하기가 어렵다면 사전에 장소를 답사해서 소요시간을 확인하고 약속시간보다 조금 일찍 도착해 주변에서 시간을 보내다가 약속시간에 맞추어 들어간다.

너무 오래 머물지 않는다

보통 약속을 할 때 방문시간만 정하고 회의가 끝나는 시간은 정하지 않는다. 그러다 보면 상대방의 입장은 생각하지 않고 중언부언하면서 마냥 시간을 끄는 경우가 있는데 중요한 안건에 대한 협의가 끝나면 자리에서 일어나는 것이 예의다.

통상 근무시간에 상대방 회사를 방문하게 되므로 상대방이 할 일이 쌓여 있다는 것을 잊지 말고 상대방의 시간을 지나치게 뺏는 것은 피해야 한다. 그러기 위해서는 사전에 상대방과 협의해야 할 안건을 메모해 준비된 안건에 집중하면서 회의를 진행하는 것이 좋다. 상대방과 개인적 친분을 쌓기 위한 대화는 따로 식사시간 등을 정해서 한다.

② 악수매너

연장자, 상급자, 여성이 먼저 손을 내민다

악수를 누가 먼저 청하는지를 알아두어야 한다. 나이가 어린 사람이 연장자에게 먼저 악수를 청하거나 남성이 여성에게 먼저 악수를 청하는 것은 보기에 좋지 않다. 다만 상급자가 연장자이거나 남성인 경우에는 여성에게 먼저 악수를 청해도 무방하다.

상대방을 쳐다본다

악수할 때 상대방을 쳐다보지 않고 건성으로 하는 것은 상대방 기분을 상하게 할 수 있으니 조심해야 한다. 특히 여러 사람과 연속해서 악수할 경우 다른 사람을 보면서 악수하는 것은 피해야 한다. 악수할 때는 항상 상대방에게 집중하는 모습을 보여주어야 한다.

두 손으로 잡지 않는다

우리나라에서는 연장자나 상급자와 악수할 때 두 손으로 잡는 것이 일상화되어 있으나 외국인과 악수할 때 이런 모습을 보이는 것은 상대방을 오히려 당황하게 만들 수 있으므로 자제하는 것이 좋다. 외국인과 악수할 때는 상대방의 나이나 직급을 의식하지 말고 한 손으로 잡는 습관을 들인다.

고개를 숙이지 않는다

외국인과 악수할 때 고개를 숙이는 것도 피해야 한다. 특히 서양인들과 악수할 때 얼굴을 보지 않고 고개를 숙이는 것은 상대방을 불쾌하게 만들 수 있으므로 조심해야 한다.

너무 약하거나 세게 잡지 않는다

악수를 할 때 너무 약하게 잡으면 억지로 하는 인상을 줄 수 있고 너무 세게 잡으면 도발적으로 비춰질 수 있으므로 적당한 세기로 잡는 것이 바람직하다.

③ 명함매너

하급자, 소개받은 사람, 방문자가 먼저 건넨다

명함을 주고받을 때도 순서가 있다. 해외출장지에서 거래처를 방문했을 때는 방문자가 먼저 명함을 건네는 것이 예의다.

선 자세로 교환한다

처음 만나서 인사를 나눌 때는 일단 선 자세로 명함을 교환한 후 자리에 앉는 것이 예의다.

상대방이 읽을 수 있도록 건넨다

명함을 건넬 때 상대방이 읽을 수 있도록 명함의 윗부분이 자신을 향하게 해서 건넨다.

동시교환을 하지 않는다

상대방이 명함을 건네면 우선 상대방의 명함을 받은 다음 자신의 명함을 건네야 한다. 상대방이 명함을 건네려고 할 때 자신의 명함을 꺼내 동시에 주고받는 것은 피하는 것이 좋다.

내용을 확인한 뒤 보관한다

명함을 받으면 일단 명함의 내용을 확인한 뒤 보관하는 것이 예의다. 명함의 내용을 확인하지도 않고 받자마자 지갑에 넣으면 상대방의 기분을 상하게 할 수 있으므로 조심해야 한다.

④ 전화매너

이름을 밝힌다

전화를 걸거나 받았을 때 자신의 이름을 먼저 밝히는 것이 예의다. 자신의 이름을 밝히지 않고 상대방이 누구인지부터 확인하려 들거나 다짜고짜 본론으로 들어가는 것은 삼가야 한다. 전화통화를 할 때 'This is……'로 시작한다는 것을 기억해두자.

대화가 엉키지 않도록 한다

서로 상대방을 보지 않는 상태에서 대화를 나누는 만큼 상대방이 아직 말을 끝내지 않았는데 자르고 들어가서 대화가 엉키지 않도록 조심한다. 조금 답답하더라도 상대방이 말을 할 때 한 템포 늦춰서 대꾸하는 습관을 들이는 것이 좋다.

천천히 끊는다

전화를 서둘러 끊지 않는다. 상대방이 아직 할 얘기가 남아 있을 수도 있고 할 얘기를 다 했다 해도 아직 전화를 끊지 않은 상대방이 전화가 끊어지는 소리를 들으면 기분이 좋지 않을 수 있다. 따라서 통화가 끝났다고 생각하면 잠시 뜸을 들였다가 거의 동시에 전화를 끊고 동시에 끊기가 어렵다면 윗사람이나 먼저 전화를 건 사람이 전화 끊는 것을 확인한 뒤 끊는다.

⑤ 대화매너

시선을 피하지 않는다

대화 중에 시선을 피하는 것은 상대방을 속이려 든다는 오해를 불러일으킬 수 있으므로 조심해야 한다. 상대방의 눈을 쳐다보면서 대화를 나누는 것이 부담스럽다면 시선을 미간 쪽에 두어서 상대방으로 하여금 시선을 피한다는 느낌이 들지 않게 한다.

경청한다

상대방이 말을 할 때 귀를 기울이지 않고 자신이 할 말만 생각하는 경우가 많다. 특히 외국어에 자신이 없는 경우 대화 중에 자신이 할 말을 머릿속으로 작문하느라 상대방의 발언내용에 집중하지 못해서 낭패를 보는 경우가 있다. 대화의 기본은 듣는 데 있다는 사실을 잊지 말고 상대방이 말할 때 집중하는 습관을 들이는 것이 중요하다.

맞장구를 친다

상대방이 발언할 때 가만히 듣기만 하는 것도 바람직한 대화법이라고 할 수 없다. 특히 서양인들과 대화할 때는 상대방이 말하는 동안 I see, Really? Aha! 등과 같은 말로 맞장구를 쳐주는 것이 좋다. 상대방이 말하는 동안 집중해서 듣는다고 아무런 반응을 보이지 않으면 상대방으로 하여금 자신이 하는 말에 관심이 없다는 오해를 불러일으킬 수 있으니 조심해야 한다.

사생활에 대한 질문을 삼간다

외국인에게 나이나 결혼과 관련한 질문은 자제하는 것이 좋다. 특히 여성에게 나이를 묻는 것은 큰 실례이며 우리와 결혼관이 다른 서양인에게 결혼 여부를 꼬치꼬치 캐묻는 것은 상대방을 불쾌하게 할 수 있으므로 조심해야 한다.

화제선택에 주의한다

공식적인 회의시간에는 비즈니스와 관련된 대화를 주고받기 때문에 문제될 것이 없으나 식사시간 등 친교를 나누는 자리에서는 화제를 선택하는 데 주의할 필요가 있다. 종교나 정치와 관련된 민감한 화제는 멀리하고 날씨나 여행과 관련된 가벼운 내용으로 시작해서 상대방의 기호에 따라 스포츠, 영화, 음악 등과 같이 심각하지 않은 주제를 화제로 선택하는 것이 좋다.

⑥ 식당매너

예약을 하고 간다

해외거래처를 식사자리에 초대할 경우 예약하는 걸 잊지 말아야 한다. 예약하지 않고 식당에 갔다가 우왕좌왕하는 모습을 보여주는 것은 상대방에게 결례다.

웨이터의 안내에 따른다

식당에 들어서자마자 안내도 받지 않고 임의로 자리를 잡는 것은 피해야 한다. 일단 입구에서 기다렸다가 웨이터가 안내하는 대로 따라가서 자리를 잡는다. 자리에 앉을 때도 웨이터가 의자를 빼어 권하는 자리가 상석임을 감안하여 연장자나 손님, 여성이 상석에 앉도록 배려한다.

웨이터를 소리 내어 부르지 않는다

웨이터를 부를 때는 식탁에 부착된 알림벨을 두르거나 알림벨이 없을 때는 가벼운 손짓을 한다. 멀리 있는 웨이터를 큰 소리로 부르는 일은 삼간다.

테이블매너를 지킨다

냅킨은 식사 도중에 테이블 위에 올려놓지 않고, 식사 도중에는 포크나 나이프를 좌우로 벌려놓으며, 식사가 끝나면 한 방향으로 가지런히 모아둔다.

치아자국을 남기지 않는다

빵이나 과일을 먹을 때 입으로 베어 먹으면 치아자국이 남아서 불결한 느낌을 줄 수 있다. 따라서 빵은 한입에 먹을 수 있을 만큼 손으로 떼어서 먹고 과일은 나이프로 잘라서 먹는다.

소리 내어 먹지 않는다

식사 중에 소리가 나는 것을 불결하게 생각할 수도 있음을 감안하여 음식을 씹거나 국물을 마실 때 소리가 나지 않도록 조심한다.

대화를 충분히 한다

식사자리에서 먹는 데만 열중해 대화를 나누지 않는 것은 상대방에 대한 예의가 아니다. 음식을 먹는 중간 중간에 심각하지 않은 화제를 주제삼아 대화를 나누는 것이 바람직하다. 다만 식사자리에서 말을 할 때는 입안에 든 음식물이 튀어나오지 않도록 조심해야 한다.

식사 속도를 맞춘다

상대방이 식사가 끝나려면 아직 멀었는데 먼저 식사를 마친다든지 반대로 상대방의 식사가 다 끝나가는데 허겁지겁 먹는 것 모두 바람직하지 않다. 식사 중간 중간에 상대방의 식사 속도를 감안해서 자신의 식사 속도를 조절함으로써 상대방과 비슷한 시간에 식사를 마칠 수 있도록 한다.

⑦ 여행매너

모르는 사람에게도 인사한다

호텔이나 식당 또는 엘리베이터 등에서 모르는 사람과 마주쳤을 때도 가볍게 인사하는 것이 예의다. 모르는 사람과 마주쳤을 때 한국식으로 굳은 표정을 짓는 것은 세련된 매너라고 할 수 없다.

팁은 반드시 준다

팁이 생활화되지 않은 일부 국가나 계산서에 팁이 포함된 경우를 제외하고는 팁은 반드시 주어야 한다. 팁이 일상화된 국가를 여행하면서 팁을 줘도 되고 안 줘도 되는 것으로 이해하고 팁을 아끼는 일은 삼가야 한다. 나라마다 조금씩 다르지만 식당에서는 15~20%, 택시기사에게는 10~15%, 벨보이에게는 가방 1개당 1달러, 룸메이드에게는 1달러 정도씩 주는 것이 적당하다.

남에게 피해를 끼치지 않는다

외국을 여행할 때 남에게 피해를 끼칠 만한 행동을 하지 않도록 조심한다. 급하게 길을 가다가 남과 부딪친다든지, 순서를 기다리는 곳에서 새치기를 한다든지, 공공장소에서 큰 소리로 떠드는 등의 사소한 행위로 매너가 없다는 소리를 듣지 않도록 조심한다.

⑧ 접대매너

상대방의 의견을 존중한다

외국손님을 접대할 때 상대방 의견은 묻지 않고 일방적으로 준비한 프로그램을 밀어붙이다가 낭패를 볼 수 있다. 좌식문화와 한국음식에 익숙하지 않은 외국인을 한정식집에 데리고 가거나 한국식 유흥문화에 익숙하지 않은 외국인을 주점으로 초대해 흐트러진 모습을 보이는 것 등은 접대가 아니라 고문을 하는 것으로 비춰질 수 있다. 따라서 접대장소나 방법을 정할 때는 상대방의 의견을 묻는다.

지나친 선물을 삼간다

외국손님에게 선물할 때는 상대방이 부담스럽지 않게 적당한 금액의 선물을 준비해야 한다. 지나치게 비싼 선물을 하면 다른 뜻이 있는 것으로 오해받을 수 있고 회사규정에 따라 개인적으로 소장할 수 없는 경우도 있으니 조심해야 한다.

3) 무역클레임의 해결방안

해외거래처와 무역거래를 하다 보면 무역클레임이 발생할 수 있다. 무역클레임이란 무역계약의 당사자 중 한쪽에서 계약을 이행하지 않음으로써 발생하는 손해를 보상받기 위해 피해자가 손해배상을 청구하는 권리 또는 그와 같은 권리를 행사하는 것을 뜻한다.

무역클레임은 다양한 사유로 제기되지만 가장 흔한 것이 물품의 품질이나 수량이 계약한 내용과 다를 때 수입자 측에서 제기하는 경우다. 수입자로부터 무역클레임이 제기되면 시간을 끌지 말고 가장 먼저 처리하는 것이 바람직하다. 의도적으로 시간을 끌면서 클레임 처리를 미루는 것은 향후 지속적인 거래관계를 유지하는 데 커다란 걸림돌로 작용할 수 있다.

무역클레임은 당사자끼리 우호적으로 해결하는 것이 바람직하지만 당사자가 원만히 해결하지 못하면 제3자의 개입으로 해결할 수밖에 없다. 제3자 개입에 따른 해결방법으로는 알선, 조정, 중재, 소송 등이 있으며, 주요 내용은 다음과 같다.

① 알선

알선(intermediation)이란 당사자의 일방 또는 쌍방의 의뢰에 따라 상공회의소, 상사중재원 등과 같은 기관에서 타협안을 제시함으로써 클레임을 해결하는 방법이다. 알선으로 클레임을 해결하면 당사자사이의 비밀이 보장되고 거래관계를 지속할 수 있다는 장점이 있으나, 당사자 쌍방이 알선자가 제시한 타협안을 받아들이지 않으면 클레임을 해결할 수 없다는 문제가 있다.

② 조정

조정(conciliation)이란 당사자 쌍방의 조정합의에 따라 공정한 제3자를 조정인으로 선임하여 분쟁해결방안을 제시해줄 것을 요청하고, 조정인이 제시하는 조정안에 쌍방이 동의함으로써 클레임을 해결하는 방법이다.

당사자 쌍방이 조정안에 동의함으로써 조정이 성립되면 중재판정과 동일한 효력이 발생하여 강제력이 있으나, 당사자 중 일방이라도 조정안에 동의하지 않으면 조정이 성립되지 않는다는 문제가 있다.

③ 중재

중재(arbitration)란 당사자 쌍방의 중재합의에 따라 공정한 제3자를 중재인으로 선정하고, 중재인이 내린 중재판정에 무조건 복종함으로써 분쟁을 해결하는 방법이다. 중재판정의 효력은 법원의 확정판결과 동일하며, 외국에서도 강제집행이 보장되어 자국에서만 효력이 보장되는 소송보다 효력의 범위가 더 넓다.

④ 소송

소송(litigation)은 사법기관의 판결에 따라 무역클레임을 강제로 해결하는 방법이다.

위에 열거한 방식 중 알선이나 조정으로 분쟁을 해결하지 못하면 최종적으로 소송 또는 중재로 해결할 수밖에 없다. 소송은 사법기관의 판결에 따르는 것이고 중재는 민간인인 중재인의 판정에 따르는 것으로서 피해자 입장에서 보았을 때 소송보다는 중재로 문제를 해결하는 것이 훨씬 유리하다. 소송과 비교했을 때 중재의 장점은 다음과 같다.

① 신속한 해결

대부분의 나라에서 삼심제가 적용되는 소송보다 단심제로 운영되는 중재를 통해서 좀더 신속하게 해결할 수 있다.

② 적은 비용

중재는 절차가 간단하고 변호사를 고용할 필요가 없기 때문에 소송보다 적은 비용으로 문제를 해결할 수 있다.

③ 외국에서의 강제집행

소송은 당사국에서만 강제집행이 가능하지만 중재는 뉴욕협약에 따라 상대국(뉴욕협약에 가입한 경우)에서도 강제집행이 보장된다.

이 밖에도 국제무역법, 무역관습 및 무역실무에 정통한 무역전문가가 중재에 참여함으로써 공정한 해결을 도모할 수 있고, 중재절차가 비공개로 이루어짐에 따라 당사자의 영업상 비밀을 유지할 수 있다는 등의 장점이 있다.

무역클레임을 중재로 해결하기 위해서는 당사자 쌍방이 분쟁이 발생했을 때 소송에 의하지 않고 중재인의 판정에 따른다는 내용의 중재합의를 해야 한다. 중재합의는 분쟁이 발생한 후에 할 수도 있으나 일단 분쟁이 발생하면 문제를 일으킨 측에서 중재합의에 동의하지 않을 확률이 높으므로 사전에 다음과 같은 내용으로 중재합의를 해두는 것이 좋다.

All disputes, controversies or differences which may arise between the parties, out of or in relation to or in connection with this contract, or for the breach thereof, shall be finally settled by arbitration in Seoul, Korea in accordance with The Arbitration Rules of The Korean Commercial Arbitration Board and under the Laws of Korea.

The award rendered by the arbitrator(s) shall be final and binding upon both parties concerned.

중재합의는 서면으로 해야 하며 중재지, 중재기관, 준거법 3요소를 포함해야 한다.

우리나라의 중재기관으로는 대한상사중재원이 있으며 중재와 관련한 더 자세한 내용은 대한상사중재원 웹사이트(www.kcab.or.kr)에서 확인할 수 있다.

4) 무역사기

해외시장에 성공적으로 진출하기 위해서는 해외거래처와 좋은 관계를 유지하는 것 못지않게 무역사기를 당하지 않는 것이 중요하다. 무역거래를 빌미로 접근하는 해외업체 중에는 처음부터 무역사기를 노리는 곳도 있다.

무역사기를 예방하기 위해서는 신용도가 의심되는 해외거래처에 대한 신용조사를 철저히 하고, 무역사기의 유형을 숙지해서 유사한 상황에 처했을 때 무역사기를 당하지 않도록 조심해야 한다. 무역사기의 대표적 유형과 예방법은 다음과 같다.

사기유형	사기수법	예방법
샘플사취	바이어를 가장해서 무상으로 샘플을 보내달라고 한 후 샘플만 챙기고 연락을 끊는다.	샘플을 무상으로 보내주지 말고 샘플비를 받은 다음 보낸다.
가짜송금 확인서	송금방식으로 수출할 경우 실제로 물품대금을 송금하지 않고 가짜송금확인서를 보내서 선적을 유도한다.	실제로 송금되었는지를 은행에서 확인한 후 선적한다.
서류상 트집	신용장방식의 거래에서 서류상 하자를 이유로 서류인수를 거부한다.	신용장 조건을 꼼꼼히 살펴서 필요한 경우 수정을 요청하고, 선적서류상 하자가 없도록 철저히 점검한다.
선생산 유도	선생산을 유도한 후 가격을 깎아 달라고 한다.	물품대금이 송금되거나 신용장이 개설된 것을 확인한 후에 생산에 착수한다.
송금수수료 요구	거액의 자금을 나누어 갖자고 유인한 후 송금수수료를 보내달라고 요구한다.	거액의 자금 운운하면서 접근하는 경우에는 상대하지 않는다.
접대 요구	오더할 것처럼 접근해서 접대나 선물을 요구한다.	처음부터 노골적인 접대나 선물 요구에는 응하지 않는다.

5) 국가별 특성과 대응전략

해외거래처와 좋은 관계를 유지하기 위해서는 상대방이 속한 국가의 특성을 이해하고 적절히 대처하는 것이 바람직하다. 전 세계에는 200여 개의 크고 작은 국가가 있지만 경제적 영향력이나 무역거래 규모를 놓고 볼 때 향후 세계경제를 주도할 것으로 예상되는 국가는 10여 개국으로 압축할 수 있다. 이들 국가들의 특성과 대응전략을 요약하면 다음과 같다.

① 미국

세계 최대 시장

미국은 규모면에서 세계 최대 시장이자 세계 최대 수입국이다. 시장 규모가 큰 만큼 미국시장에 진출하려면 미국 현지업체는 물론 전 세계 내로라하는 업체들과 치열한 경쟁을 벌여야 한다.

미국시장에 진출하기 위해서는 미국정부나 기업, 소비자들의 엄격하면서도 다양한 요구를 충족시켜야 한다. 그만큼 미국시장에 진출하기가 쉽지 않으나 일단 성공적으로 진출하면 다른 시장에 진출할 때 홍보효과를 기대할 수 있으므로 최대한 공격적인 마케팅전략을 수립할 필요가 있다.

다양성의 나라

미국은 인종 구성도 다양하고 지역별로 기후나 소비습성이 다양하다. 인구분포 면에서 보면 아직까지는 백인이 주류를 이루나 중남미계와 아시아계 인구 비중이 급격히 늘고 있어서 장기적인 마케팅전략을 수립할 때 이와 같은 인종구성의 변화를 감안할 필요가 있다.

워낙 영토가 넓어서 기후나 지리적 특성이 다르고 주별로 각기 다른 법령이 적용되기도 한다. 따라서 미국시장에 진출할 때는 이와 같은 다양한 요소를 감안하여 인종별, 지역별로 차별화된 마케팅전략을 수립하는 것이 바람직하다.

정직이 최선

미국인이 중요시하는 가치관 가운데 하나가 정직이다. 워터게이트사건 때 닉슨 대통령이 물러나게 된 까닭은 도청했다는 사실 자체보다 그와 같은 사실을 계속 부인하고 은폐하려고 했기 때문이라는 사실을 되새겨볼 필요가 있다.

이와 같은 미국인의 가치관을 이해하고 미국기업이나 소비자들을 상대할 때 정직을 최우선과제로 삼아야 한다. 또 기업이나 국가기관을 상대로 비합법적 로비를 벌이거나 소비자를 상대로 한 약속을 이행하지 않을 경우 치명적인 결과를 초래할 수 있다는 사실을 새겨두어야 한다.

② 중국

인구대국

중국은 인구대국이며 고급인력 또한 풍부해서 세계의 공장과 연구개발기지 역할을 맡고 있다. 중국경제가 급속한 성장을 지속함에 따라 산업재는 물론 소비재 수요도 지속적으로 증가하고 있으며 세계의 시장으로서 입지를 다지고 있다.

이와 같은 중국의 경제력은 지역별로 편차가 크고 빈부격차 또한 극심하다. 따라서 중국시장에 진출할 때는 인구대국으로서 중국시장의 잠재력을 감안하되 지역별, 소득수준별로 차별화된 마케팅전략을 수립할 필요가 있다.

만만디의 시장

중국시장에 처음 진출해서 자리 잡기까지 상당한 시간과 노력이 필요하다는 사실을 인식해야 한다. 중국시장에 진출할 때 즉각적 결과를 기대하거나 중국기업과의 협상에서 즉각 결론을 요구하는 것은 바람직하지 않다. 중국인과 관계를 수립하기까지 시간이 많이 걸리는 반면, 한번 맺어진 관계는 쉽사리 깨지지 않는다. 그만큼 의리를 중시하기 때문이다. 따라서 중국시장에 진출할 때는 장기 계획을 세워서 차근차근 접근하는 것이 바람직하다.

에누리는 필수

중국인과 가격협상을 할 때는 가격할인 여지를 남겨두는 것이 좋다. 처음부터 가격할인 여지가 없는 최저가격을 가지고 가격협상을 벌이다가는 낭패를 보기 십상이다. 에누리 없는 장사는 없다는 식으로 끈질기게 가격할인을 요구하는 중국인의 요구에 대처할 수 없기 때문이다.

중국인은 가격할인 여지가 없다는 사실을 확신할 때까지는 가격할인 요구를 거두어들이지 않는다. 따라서 가격할인의 여지가 없는 상황이라면 가격할인에 대한 미련을 털어버릴 수 있을 정도로 단호한 표현을 사용해서 상대방을 설득하는 것이 바람직하다.

③ 일본

가깝고도 먼 나라

일본은 우리나라와 지리적으로 가장 가까우면서도 역사문제 등으로 눈에 보이지 않는 장벽이 존재하는 것이 사실이다. 그럼에도 경제규모나 지리적 접근성 등을 감안할 때 일본시장은 우리나라에 아주 중요한 시장의 하나일 수밖에 없다.

전 세계 시장에서 인정받는 일본제품의 경쟁력을 감안할 때 일본시장에 진출하는 것이 쉽지는 않으나 일본시장에 특화된 모델을 개발하고 한류붐을 활용한 마케팅을 적극적으로 펼치는 등 노력을 아끼지 말아야 한다.

완벽추구

자고로 일본인은 장인정신에 입각한 완벽주의에 길들여 있어서 조그만 부품 하나를 만들 때도 추호의 빈틈을 허용하지 않을 정도로 품질관리에 만전을 기한다. 이와 같은 완벽주의는 자국상품뿐만 아니라 수입품에도 적용되며 품질에 문제가 있는 상품은 장기적으로 일본시장에서 살아남을 수 없다.

따라서 일본시장에 진출할 때는 사소한 빈틈도 노출되지 않도록 품질관리에 최선을 다하고 처음부터 완벽한 제품을 가지고 시장을 노크함으로써 품질에 대한 믿음을 확보하는 것이 중요하다.

속내를 드러내지 않는다

일본인은 여간해선 속내를 내보이려 하지 않는다. 상대방의 제안이 마음에 들지 않더라도 이를 솔직히 표현하지 않고 검토해보겠다는 말로 얼버무린다. 이런 일본인의 속내를 읽지 못하고 무작정 기다렸다가는 아까운 시간만 허비할 수 있으니 조심해야 한다.

일본인은 상담할 때 자신의 의견을 너무 세게 밀어붙이거나 비타협적인 태도를 보이는 것을 무례하다고 생각하는 경향이 있다. 따라서 일본인과 상담할 때는 상대방의 속마음을 읽고 타협적인 태도를 보이면서도 이익을 챙기는 지혜가 필요하다.

④ 독일

유럽의 중심국가

독일은 유럽에서 인구가 가장 많은 나라로서 유럽 최대 시장을 형성하고 있으며 막강한 경제력을 바탕으로 유럽의 중심국가로 자리 잡고 있다. 독일은 또한 다양한 분야에서 세계 최고 기술력을 보유하고 있으며 세계시장을 석권한 강소기업들의 활약도 눈부시다.

독일은 이와 같은 경제력을 바탕으로 인근 국가, 특히 동유럽시장에 지대한 영향력을 행사하고 있다. 따라서 독일시장에 진출할 때는 단순히 독일 국내시장만 겨냥하지 말고 동유럽을 포함한 인근 국가 시장에 동시에 진출하는 방안을 강구해볼 필요가 있다.

전시회의 나라

독일은 전시회의 나라라고 해도 좋을 정도로 일 년 내내 유수의 전시회가 꼬리를 물고 열린다. 전 세계 유명 전시회의 3분의 1 정도가 독일에서 열리고 연간 1,000만 명이 넘는 국내외 참관객이 독일 전시장을 방문한다. 따라서 독일 전시회에 적극적으로 참가함으로써 독일시장뿐만 아니라 전 세계 시장에 기업과 제품을 홍보하는 기회로 삼을 수 있다.

독일 전시회는 단순히 전시상품을 소개하는 데 그치지 않고 현장에서 구체적 상담을 거쳐 계약까지 체결하는 경우가 많으므로 독일시장에 진출할 때 독일에서 개최되는 전시회를 최대한 활용할 필요가 있다.

원칙주의

독일인은 고지식할 정도로 원칙에 충실한 것으로 정평이 나 있다. 이와 같은 민족성을 감안하여 독일의 기업이나 소비자를 상대할 때는 잔꾀를 부리거나 임시방편을 사용하기보다는 다소 손해를 보더라도 원칙에 입각해서 일을 처리하는 것이 바람직하다.

독일인은 또한 물건을 구입할 때 브랜드만 보지 않고 가격대비 제품의 성능을 꼼꼼히 따지는 경향이 있으므로 제품의 실용적 가치를 높이는 데 신경 써야 한다. 마지막으로 독일인과 거래할 때는 사소한 약속이라도 철저히 지킴으로써 상대방의 신뢰를 잃지 않도록 조심해야 한다.

⑤ 인도

잠자는 코끼리

인도는 인구대국이자 소프트웨어 강국으로서 무한한 잠재력을 가지고 있다. 아직 제조업의 경쟁력은 중국에 미치지 못하나 소프트웨어 하청기지를 넘어 세계 유수기업의 R&D기지로 변모할 정도로 우수한 기술인력을 보유함으로써 향후 세계경제를 주도할 중심국가의 하나로 떠오르고 있다. 지속적인 경제성장에 힘입어 구매력을 갖춘 중산층이 폭넓게 포진함으로써 소비재 시장의 규모도 급속히 커지고 있다. 따라서 인도시장에 진출할 때는 이와 같은 인도의 잠재력을 충분히 감안하여 장기적인 마케팅전략을 수립할 필요가 있다.

차이의 경제

인도에는 세계에서 가장 많은 언어와 종교가 존재한다. 공용어만 15개에 방언까지 합치면 800개가 넘는 언어가 사용되고 힌두교, 이슬람교, 기독교, 시크교, 불교 등 다양한 종교가 공존한다.

법적으로는 폐지되었으나 아직도 사회 깊숙이 카스트제도의 잔재가 있다. 그뿐만 아니라 빈부격차가 극심하여 극소수 최상류층이 부를 독점하고 있으며 문맹률 또한 상당히 높은 수준을 유지하고 있다. 따라서 인도시장에 진출할 때는 이와 같은 다양한 계층의 요구를 충족할 수 있는 마케팅전략을 수립하는 것이 중요하다.

상술의 귀재

예부터 인도인은 유대인과 더불어 상술이 뛰어나기로 유명하다. 인도인은 이익이 걸린 협상에서 밀리는 법이 없으며 뛰어난 화술과 끈질긴 설득력으로 무장하고 협상을 유리한 방향으로 이끄는 능력이 뛰어나다. 특히 가격협상에서 인도인은 상대방에게서 최대한 양보를 받아내는 능력이 탁월하다.

이와 같은 인도인의 협상능력을 감안하여 상대방의 페이스에 말려들지 않도록 조심해야 한다. 또 합의된 내용을 반드시 서면으로 만들어 분쟁의 불씨를 남기지 않는 것이 바람직하다.

⑥ 러시아

에너지강국

국토 면적이 세계에서 제일 넓은 러시아는 천연가스와 석유를 비롯한 각종 에너지 자원이 풍부하여 전체 수출액에서 에너지가 차지하는 비중이 절대적이다. 이와 같은 에너지에 대한 과도한 의존은 러시아경제에 양날의 칼로 작용할 수밖에 없다.

즉 에너지가격이 강세를 보일 때는 러시아경제가 활기를 띠는 반면에 에너지가격이 약세를 보이면 러시아경제 전체가 타격을 받을 수밖에 없다. 따라서 러시아시장에 진출할 때는 에너지가격 동향과 향후 전망 등을 감안하여 장단기 진출전략을 수립하는 것이 바람직하다.

눈에 보이지 않는 장벽

러시아는 오랜 기간 공산주의의 지배를 받은 여파로 소비재산업의 발전이 더뎌 주요 소비재를 수입에 의존할 수밖에 없다. 금융인프라가 미흡하고 법과 제도의 투명성이 떨어지며 지하경제의 규모가 GDP의 30~40%에 이르는 등 눈에 보이지 않는 장벽이 많다.

러시아는 무역거래를 할 때 외상거래를 요구하는 경우가 많아서 결제조건에 합의하기가 쉽지 않다. 따라서 러시아시장에 진출할 때는 이와 같은 눈에 보이지 않는 다양한 문제점을 충분히 검토한 뒤 대비책을 마련해야 한다.

CIS 진출 교두보

러시아는 구소련에 속했던 국가들로 이루어진 독립국가연합(Common Wealth of Independent States, CIS)과 정치적·경제적으로 긴밀한 관계를 유지하므로 러시아시장에 성공적으로 진출함으로써 독립국가연합 시장을 공략하는 데 디딤돌로 활용할 수 있다. 즉 CIS 시장에 처음 진출할 때 이미 러시아시장에서 검증받은 제품이라는 사실을 부각함으로써 현지 소비자나 해외거래처들의 불안감을 해소하고 제품에 대한 신뢰감을 높일 수 있다.

⑦ 브라질

남미의 대국

브라질은 남미 최대의 영토와 인구를 보유한 대국으로서 커피, 사탕수수, 오렌지, 소고기, 철광석, 대두 등 풍부한 자원을 바탕으로 남미 최대 수출국이자 수입시장을 형성하고 있다. 브라질은 또한 남미국가 중 제조업기반이 가장 발달한 나라로, 남미 최대공업국으로 자리 잡아 세계적 다국적 기업들이 활발히 진출하고 있다. 다만 상강하박의 산업구조와 부품산업이 취약한 것이 약점으로 지적되고 있다.

시장의 이분화

다른 신흥개발국과 마찬가지로 브라질도 빈부격차가 커서 고가품시장과 저가품시장으로 양분되어 있으며 재래식시장과 현대식시장이 공존하고 있다. 저소득층을 대상으로 하는 재래식시장은 비공식적 유통경로로 운영되는 가격위주 시장인 반면 고소득층을 대상으로 하는 현대식시장은 공식적 유통경로로 운영되며 품질과 디자인을 중시한다. 따라서 브라질시장에 진출할 때는 양분된 시장 특성에 맞는 마케팅전략을 수립할 필요가 있다.

낙천적인 국민성

브라질 사람들은 일반적으로 상술에 능하고 낙천적이며 대국의식을 가지고 있는 한편, 과장이 심하고 일처리가 빠르지 못하다는 단점이 있다. 브라질은 또한 칠레와 에콰도르를 제외한 남미 모든 국가와 국경을 맞대고 있고 인근 국가들과 경제 교류가 활발하므로 브라질시장을 남미 전체시장 진출의 디딤돌로 활용하는 마케팅전략을 수립하는 것이 바람직하다.

⑧ 프랑스

독일과 더불어 유럽의 중심국가로 자리 잡은 프랑스는 농업과 공업이 고루 발달한 나라로서 다양한 분야에서 경쟁력을 유지하고 있다. 프랑스인은 자국문화에 대한 자부심이 대단하고 패션의 본고장답게 디자인 감각도 뛰어난 편이다. 프랑스인은 또한 신중하면서도 까다로운 구매성향을 갖고 있다.

따라서 프랑스시장에 진출할 때는 프랑스문화에 대한 이해를 바탕으로 상품을 기획하고 디자인에도 각별히 신경 쓸 필요가 있다. 또 프랑스에서 개최되는 유명 전시회를 이용해 프랑스기업 및 소비자들에게 제품을 홍보하고 거래처를 개발하는 것도 고려해볼 만하다.

한편 프랑스에는 다양한 인종과 종교적 배경을 지닌 이민자들이 많아서 사회적 갈등이 자주 표출되므로 기업이나 소비자들을 상대할 때 인종이나 종교 문제를 건드리지 않도록 조심해야 한다.

⑨ 영국

한때 세계를 지배한 영국의 국력은 많이 쇠퇴하였고, 산업혁명을 주도한 제조강국에서 금융과 서비스업 위주로 산업이 재편된 바 있다. 하지만 아직도 국제무대에서 정치적·경제적 발언권을 일정부분 유지하고 있으며, 영연방국가에 대한 영향력도 계속되고 있으므로 무시할 수 없는 시장이다.

영국인은 신사의 나라답게 예의바르고 남에게 피해를 끼치지 않으려고 하는 배려정신이 철저하나 격식을 지나치게 차리고 쉽게 친해질 수 없다는 단점도 있다. 따라서 영국기업이나 소비자들을 상대할 때는 어느 정도 격식을 차려서 이성적으로 접근하되 상대방의 마음을 움직여 친근감을 갖도록 할 필요도 있다.

영국은 자체시장 외에도 영연방국가, 중동, 아프리카 지역의 구매 조달창구 역할도 수행하고 있다. 따라서 중고자동차, 건설자재, 의류, 신발 등 다양한 품목에 대한 제3국 조달시장에 관심을 가져볼 만하다.

⑩ 이탈리아

이탈리아는 중소기업형 제조업이 발달한 나라로, 특히 의류, 패션, 잡화 등 소비재산업에 강점이 있다. 이탈리아시장은 지방 군소도시 단위로 분산되어 있고 유통구조가 복잡해서 직접진출하는 것보다 현지사정에 밝은 에이전트나 현지딜러를 통해서 진출하는 것이 바람직하다.

이탈리아인은 로마제국의 후예다운 대국적 기질을 소유하고 있어서 비즈니스 협상을 할 때도 통이 큰 양보를 서슴지 않지만 독일인과 같은 치밀함이나 정확성은 갖추지 못한 경우가 많다. 따라서 이탈리아기업이나 소비자들을 상대할 때는 좀더 대승적인 차원에서 양보할 것은 양보하고 얻어낼 것은 얻어낼 줄 아는 지혜가 필요하다.

또 상품을 기획할 때부터 이탈리아인의 패션감각이나 디자인감각에 부응할 수 있는 소재나 색상을 선택하고 이탈리아에서 개최되는 전시회를 활용한 시장개척에도 관심을 기울일 필요가 있다.

⑪ 멕시코

멕시코는 석유, 천연가스 등 풍부한 자원과 노동력을 바탕으로 브라질과 더불어 중남미의 경제대국으로서의 입지를 다지고 있다. FTA 허브국가로서 미국을 비롯한 주요 교역국들과 자유무역을 통해서 국가경쟁력을 높이고 있으며, 앞으로 세계경제를 이끌어나갈 중심국가의 하나로 꼽히고 있다.

다만 전체 교역액에서 대미교역이 차지하는 비중이 너무 높고 빈부격차가 심하다는 것이 장기적으로 풀어야 할 과제로 지적된다. 멕시코의 유통시장은 주로 레바논계 이민자들이 장악하고 있으며 유대인의 상원진출도 활발한 편이다.

멕시코의 소비시장은 소득수준에 따라 양극화되어 있으며 소비자의 80% 이상이 제품을 구입할 때 가격을 최우선으로 고려하는 가격우선시장이다. 따라서 멕시코시장에 진출할 때는 제품의 성능뿐만 아니라 경쟁적 가격을 책정하는 데 총력을 기울일 필요가 있다.

⑫ 인도네시아

인도네시아는 풍부한 자원(석유, 천연가스, 금, 오일팜, 산림자원 등)과 저임금의 풍부한 노동력을 바탕으로 경제성장을 지속적으로 이루어 포스트중국의 대표주자로 자리매김하고 있다. 아시아의 대표적 회교국가로서 이슬람교도가 인구의 대부분을 차지하며, 300여 종족으로 이루어진 다민족국가이기도 하다.

인도네시아시장은 화교자본이 주도하며 상장기업 중 70% 이상을 화교기업이 차지할 정도로 이들은 막강한 영향력을 행사하고 있다. 유통시장에는 대형 유통업체들이 진출해 있지만 빈곤층을 상대로 하는 재래시장의 입지도 탄탄하다. 인도네시아 소비자들은 기본적으로 가격을 중시하지만 브랜드를 따지는 고가품시장도 존재한다.

이와 같은 상황을 감안하여 인도네시아시장에 진출할 때는 현지 화교기업과의 제휴를 적극적으로 추진하고, 소비계층에 따라 현지인에게 어필할 수 있는 상품을 개발하며, 브랜드관리에도 신경 써야 한다.

⑬ 남아프리카공화국

아프리카 최대 교역국인 남아프리카공화국은 아프리카 경제를 이끌어나가는 선도국으로서 아프리카 최대 시장을 형성하고 있다. 브라질, 러시아, 인도, 중국으로 이루어진 브릭스 4개국에 추가되어 BRICS의 일원으로 자리 잡을 만큼 성장잠재력을 인정받고 있다.

전체 인구의 약 80%가 흑인이지만 10%가 안 되는 백인이 비즈니스를 주도하며 한번 거래관계를 맺으면 특별한 사유가 없는 한 거래처를 바꾸지 않는다. 모든 분야에서 독점에이전트제도가 뿌리내리고 있고 유통단계별로 외상거래가 일반화되어 있다. 시장은 이원화되어서 백인은 유럽산 고가품을 선호하는 반면 흑인은 중국 등에서 수입되는 저가품을 선호한다.

이와 같은 상황을 감안하여 남아공시장에 진출할 때는 유능한 현지 에이전트를 지정하고 이원화된 시장의 특성을 살린 마케팅전략을 수립할 필요가 있다.

⑭ 튀르키예

튀르키예는 유럽과 중동, 아시아를 연결하는 요충지에 자리 잡고 있는데다 노동력이 풍부해서 향후 세계경제를 이끌어나갈 중심국가의 하나로 꼽히고 있다. 국민 다수가 이슬람교도인 회교국이면서도 공식적으로 친서방정책을 유지하며, 유럽과 활발히 교역하면서 지속적인 경제성장을 이루고 있다. 또 유럽과 중앙아시아를 잇는 중계무역도 활발히 하고 있다.

여느 개발도상국처럼 빈부격차가 심하고 지역별로 부의 편중현상도 심하며 전근대적인 유통시장의 비중이 커서 튀르키예 시장에 직접 진출하기는 쉽지 않다. 극심한 소득불균형에 따라 부유층과 빈곤층으로 양분되어 있는데, 부유층은 고가 수입브랜드를 선호하고 빈곤충은 브랜드나 품질을 따지기 전에 가격을 먼저 본다.

이와 같은 상황을 고려하여 튀르키예 시장에 진출할 때는 현지의 유통환경에 정통하거나 이미 유통망을 확보해놓은 업체와 제휴하는 것이 바람직하며, 양분되어 있는 시장 특성을 감안한 마케팅전략을 수립해야 한다.

7장

무역사기 및
해외마케팅 성공사례

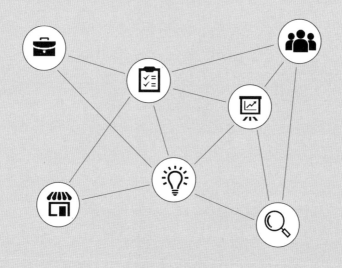

1
무역사기사례

1) 가짜 송금확인서로 선적유도

　A사는 인터넷 무역거래알선사이트를 통해서 신규바이어를 개척
하였으나 결제방식을 합의하지 못해 계약체결에 어려움을 겪고 있
었다. A사에서는 L/C방식으로 거래하길 희망했지만 바이어 측에서
는 L/C 개설이 힘들다며 D/A방식으로 거래하자는 주장을 굽히지
않았다.

　A사에서는 D/A방식으로 거래할 경우 수출대금 회수를 보장할 수
없었으므로 선뜻 계약을 체결할 수 없었다. 그런 식으로 계약체결이
지연되던 차에 바이어가 파격적인 제안을 내놓았다. 물품대금 전액
을 사전에 송금해주겠다는 것이었다.

　사전송금방식의 수출이라면 수출자로서는 대금회수 걱정을 할 필
요가 없었으므로 A사는 기꺼이 계약을 체결하고 물건을 준비했다.

대금이 입금되기만 기다리는데 바이어로부터 연락이 왔다. 방금 물품대금 전액을 송금하고 송금확인서 사본을 보내니 바로 물건을 보내달라는 내용이었다. 바이어는 국내시장 상황을 들어 하루라도 빨리 물건이 도착해야 한다며 즉시 선적해줄 것을 요청했다.

A사는 거래은행에 수출대금이 입금되었는지를 문의하였으나 아직 도착하지 않았다고 해서 바이어에게 이와 같은 사실을 설명하고 입금이 확인되는 대로 물건을 보내겠다고 통보하였다. 하지만 바이어는 자신은 이미 물품대금을 거래은행에 지급하였으며, 은행에서 송금업무가 지체되는 것이라며 송금확인서 사본을 보냈으니 즉시 물품을 선적하라고 강력하게 요구했다.

A사에서는 바이어가 강력히 주장하는데다 송금확인서 사본도 받은 터라 일단 물품을 선적하고 물품대금이 도착하기를 기다렸다. 하지만 바이어가 이미 지급했다는 물품대금은 끝내 도착하지 않았다. 그때서야 송금확인서의 진위 여부를 확인해보니 해당 송금확인서는 은행에서 발행한 것이 아니라 바이어가 조작한 가짜라는 사실을 알게 되었다.

바이어에게 송금사실을 재차 확인하는 메일을 보냈으나 답장이 없었다. 다급해진 A사에서는 포워더를 통해 물품의 행방을 수소문하였으나 이미 현지에 도착해서 바이어가 찾아간 후였다. 가짜 송금확인서를 믿고 물건을 보낸 A사는 끝내 대금을 회수하지 못하고 입금이 확인된 뒤 물건을 선적해야 한다는 교훈을 되새길 수밖에 없었다.

2) 선생산 유도 후 헐값 인수

B사는 중남미에서 새로 개발한 바이어와 신용장방식으로 물건을 수출하기로 하고 계약을 체결하였다. B사는 신용장이 개설되기만을 기다렸으나, 신용장은 좀처럼 개설될 기미를 보이지 않았다. 바이어 측에서는 이미 신용장개설신청서를 제출하였으나 은행의 업무처리 가 늦어지고 있다며, 곧 신용장이 개설될 터이니 일단 생산에 착수 해달라고 요청하였다.

B사는 물품을 생산하더라도 신용장이 개설된 후에 선적하면 아무 문제가 없을 것이라고 판단하고 바이어 요구대로 생산에 착수하였 다. 하지만 생산이 완료되었는데도 신용장은 개설되지 않았다. 바이 어에게 생산이 완료되어 선적해야 하니 조속히 신용장을 개설해달 라고 요청하였더니 바이어의 태도가 돌변했다.

신용장을 개설해줄 터이니 물건값을 깎아달라는 것이었다. B사는 그때서야 바이어에게 당했다는 생각이 들었다. 바이어 요청에 따라 바이어가 원하는 디자인에 바이어가 요구하는 로고를 상품에 부착 하였으므로 다른 바이어에게 팔 수 없는 상황을 악용하여 물건을 헐 값에 인수하려고 수를 쓴 것이다.

결국 B사는 바이어 요구대로 물건값을 깎아줌으로써 막대한 손해를 감수할 수밖에 없었다. 신용장이 개설되기 전에 생산에 착수해서 약점이 잡혔기 때문이었다.

3) 선적서류 하자를 트집 잡아 상품인수 거부

C사는 처음 거래를 튼 중동지역 바이어로부터 거액의 오더를 받고 흥분하였다. 바이어는 계약할 때 합의한 바에 따라 중동지역을 대표하는 유명은행을 통해서 신용장을 개설했다. C사는 유난히 복잡하고 추가조항이 많이 달린 신용장을 꼼꼼히 검토해서 합의한 계약내용과 일치하는 것을 확인하고 계약된 물품을 선적한 뒤 선적서류를 준비했다.

C사는 선적서류를 준비할 때 신용장에서 요구한 조건에 부합하도록 만전을 기했고 몇 차례나 확인한 뒤 은행에 제출하고 수출대금을 수령하였다. 첫 오더를 무사히 마무리 지었다고 생각한 C사에서는 추가 오더가 발주되기만 기다렸으나 추가 오더 대신 거래은행으로부터 바이어가 선적서류의 인수를 거부했다는 소식을 전해들었다.

선적서류와 신용장의 내용이 일치하지 않아서 선적서류를 인수할 수 없다는 것이었다. 불일치 사유를 확인해보았더니 신용장에 기재된 제품의 모델번호가 선적서류에 명시되어 있지 않다는 것이었다.

C사에서는 실제 선적한 물건의 모델번호가 신용장에 명시된 모델번호와 일치한다며 바이어에게 서류인수를 요청하였으나, 바이어는 서류만 확인하고 대금을 지급해야 하는 상황에서 신용장과 일치하지 않는 서류를 인수할 수 없다는 주장을 굽히지 않았다.

그때서야 이상한 생각이 든 C사는 바이어의 진의를 알아보았더니 시장상황이 급변하여 현지시장에서 해당 상품의 가격이 급락하여, 물품을 인수하면 막대한 손해를 보게 될 바이어가 일부러 서류상 사소한 하자를 트집 잡아 서류인수를 거부하고 있다는 정황을 확인할 수 있었다.

결국 C사는 바이어의 의도적인 서류인수 거부로 거래은행으로부터 이미 받았던 수출대금을 반납하고 해당 상품을 도로 싣고 들어옴으로써 막대한 손해를 감수할 수밖에 없었다.

4) 대형 오더를 미끼로 벌이는 사기행각

G사는 해외거래처를 개발하기 위해서 인터넷 무역거래알선사이트에 오퍼희망게시물을 올렸다. 그로부터 얼마 후 영국업체로부터 연락이 왔다. 약 100만 파운드에 달하는 거액의 오더를 하려고 하니 영국으로 오라는 것이었다. 물품대금의 70%를 선금으로 지급하겠다는 조건도 내세웠다.

해외거래처를 개발하기 위해 총력을 기울이던 G사에서는 바이어의 제안이 솔깃하였으나 첫 거래부터 오더 금액이 너무 크고 일이 쉽게 진행되는 것이 이상하게 생각되어 직접 바이어와 통화를 시도했다. 그 결과 영어발음이 인도인처럼 들리고 사무실 전화번호로 전화를 걸면 휴대전화로 받는 등 석연치 않은 점이 많았다. 게다가 선금을 주는 대신 영국법원에 guarantee letter를 제출해야 한다며 거듭 영국에 올 것을 요청했다.

이상한 낌새를 눈치 챈 G사에서 guarantee letter를 제출할 수 없다는 뜻을 밝히자 바이어로부터 더는 연락이 오지 않았다. 이는 대량 오더를 미끼로 접근하여 이런저런 이유를 대면서 사전비용을 갈취하려는 사기꾼의 소행으로 추정되는 사례다. 인터넷 거래알선사이트에 오퍼게시물을 올리는 수출업체를 상대로 이와 같은 무역사기꾼들이 출몰하고 있으니 조심할 필요가 있다.

5) 아프리카발 프로젝트성 사기수법

파이프피팅류를 수출하는 Z사는 나이지리아 업체로부터 2,000만 달러 상당의 현지 플랜트프로젝트에 파이프피팅을 공급해달라는 주문을 받았다. 거액의 주문에 흥분한 Z사에게 나이지리아 업체는 에이전트등록비 명목으로 수천 달러를 요구했고 Z사는 아무런 의심

없이 해당 금액을 송금했다.

그러자 나이지리아 업체에서는 변호사선임 등의 명목으로 추가 송금을 요청했고 그때서야 이상한 낌새를 챈 Z사에서 현지 무역기관을 통해서 알아보니 해당 업체는 존재하지도 않는 가상의 업체임을 확인할 수 있었다.

이와 같이 나이지리아를 비롯해 토고, 베냉, 카메룬 등지를 무대로 암약하는 무역사기꾼들이 득실거리니 조심해야 한다. 이들은 거액의 오더를 미끼로 입찰관련 서류구입비, 변호사비용, 인증비용 등의 명목으로 수천 달러를 요구하기도 하고, 대규모 프로젝트나 펀드투자 등의 명목으로 수십만 달러를 갈취하기도 한다.

이 밖에도 대규모 비자금을 나누어 갖자고 접근해서 송금수수료 등의 명목으로 수천 달러를 착복한 뒤 자취를 감추기도 하며, 아프리카 업체의 이미지가 나빠지자 무대를 영국 등지로 옮겨 사기행각을 벌이는 경우도 있다. 따라서 처음부터 거액의 오더나 프로젝트를 미끼로 접근하는 경우에는 일단 무역사기를 염두에 두고 조심스럽게 대처하는 것이 바람직하다.

2
해외마케팅 성공사례

1) 친환경스팀세차기로 세계시장 진출

S사는 물소비량을 크게 줄이고 오폐수를 전혀 남기지 않는 친환경 스팀세차기를 개발하여 세계 각국에 수출하고 있다. 일찍부터 세계 시장 석권을 목표로 설정한 S사는 세계 최고의 품질을 구현하기 위해서 R&D 기능을 강화하고 품질관리에 만전을 기한 결과 전 세계 시장에서 제품력을 인정받고 있다.

S사는 2007년 처음 해외시장을 개척할 때 스팀세차기의 가장 큰 시장이자 환경문제에 관심이 많은 유럽에 먼저 진출하기로 하고 다양한 진출방안을 모색하였으나 여의치 않았다. 유럽 현지업체에 비해 인지도도 낮고 접근성도 떨어지는데다 현지에서 마케팅을 펼칠만한 자본도 부족했기 때문이다.

S사는 궁리 끝에 적은 비용으로 즉각 효과를 기대할 수 있는 온라

인을 활용하기로 하고 유럽 현지 유명사이트에 광고를 게재하면서 세차기 시연 동영상을 인터넷에 올리는 등 적극적인 온라인 마케팅을 펼쳤다.

그 결과 현지바이어들의 관심을 끄는 데 성공하여 제품에 대한 문의와 주문으로 이어졌다. S사는 이에 만족하지 않고 더 적극적으로 시장을 공략하기 위해 판매능력과 애프터서비스능력을 갖춘 현지대리점을 모집해서 기술교육을 포함한 다양한 지원책을 내놓음으로써 대리점을 통한 지속적인 매출신장을 이루고 있다.

현재 S사는 유럽 17개국에 현지대리점을 보유하고 있으며 전 세계 70여 개국에 수출하면서 세계 스팀세차기시장의 약 60%를 점유하는 글로벌 강소기업으로 인정받고 있다.

성공요인

- 환경문제를 해결할 수 있는 스팀세차기 개발
- R&D 및 적극적인 품질관리를 통한 제품 신뢰도 확보
- 환경문제에 관심이 많은 유럽을 목표시장으로 선정
- 저비용 고효율의 온라인 마케팅 활용
- 현지대리점을 통한 적극적 마케팅

2) 중국시장 집중적으로 공략

D사는 절삭공구 전문제조업체로 고부가가치 제품을 지속적으로 개발하여 공구국산화와 수출시장 확대에 주력하고 있다. 원래 국내시장에서만 공구를 판매하던 D사는 1997년에 IMF 사태로 국내시장이 급속히 위축되자 해외시장에서 활로를 찾기로 했다.

D사가 처음 눈을 돌린 곳은 중국시장이었다. 세계의 공장 역할을 하는 중국의 수요가 지속적으로 늘어날 것으로 판단했기 때문이다. 하지만 중국시장에 진출하기 위해서는 넘어야 할 산이 많았다. 그중에서도 가장 문제되는 것이 브랜드 인지도였다. 이미 중국시장에 진출해 있던 경쟁사들에 비해서 D사의 브랜드 인지도는 제로에 가까워서 오더를 수주하기가 쉽지 않았다.

그렇다고 단기간에 브랜드인지도를 높이기 위해 자금을 투자할 여력도 없었다. D사에서는 단기간에 브랜드 인지도를 높이는 것을 포기하는 대신 개인기업들을 상대로 품질이 우수하면서도 합리적인 가격대에 공구를 공급할 수 있다는 확신을 심어주기 위해 부단히 노력하였다.

이와 같은 D사의 노력이 결실을 맺기까지는 꼬박 10여 년의 세월이 걸렸다. '만만디'라는 표현이 딱 맞아떨어질 정도로 중국거래처에서 본격적인 거래를 트기까지 신중하게 생각하고 이리저리 따져보았기 때문이다. 하지만 일단 거래관계를 수립하고 신뢰가 형성된

다음에는 여간해선 관계를 단절하지 않는 것이 중국시장의 특성이기도 하다.

D사는 이와 같은 중국시장의 특성을 이해하고 서두르지 않고 끈질기게 시장을 공략한 결과 이제는 품질 면에서 일본제품과 동일한 평가를 받을 뿐 아니라 일본제품과 동일한 가격대에 제품이 판매될 정도로 확고한 브랜드 이미지를 구축하는 데 성공하였다.

성공요인

- 공구시장의 잠재력이 큰 중국을 목표시장으로 선정
- 중국의 '만만디' 문화를 이해하고 서두르지 않으면서도 끈질긴 시장공략

3) 국제품질인증 획득 및 성공적인 고객브리핑

D사는 국내 최대 규모의 알루미늄 주물제품 생산능력을 갖추고 다양한 자동차부품을 생산하여 국내시장과 세계시장에 공급하고 있다. 자동차부품 제조업체는 대부분 주물제조와 가공분야로 나뉘어 있으나 D사는 제품생산에 필요한 모든 생산공정을 단일 공장에 갖추어 경쟁업체에 비해 생산성도 높고 제품경쟁력도 높은 편이다.

D사는 해외시장에 진출하기 위해 2004년부터 디트로이트무역박람회와 프랑크푸르트무역박람회 등에 여러 차례 참가했으나 회사

인지도가 워낙 낮아서 구체적인 상담으로 이어지지 않았다. 게다가 해외마케팅을 담당할 전문인력도 부족했고 해외시장이나 바이어에 대한 정보도 없어서 어디서부터 시작해야 할지 막막한 상황이었다.

D사는 우선 국제품질인증서를 획득하기로 하고 2년에 걸쳐 품질시스템 및 공장의 생산환경을 개선하는 데 주력하여 국제공인품질인증인 IST/TS16949와 ISO14001 인증을 획득하는 데 성공했다. D사는 국제품질인증서를 획득함으로써 품질과 기술에 자신감을 갖고 좀더 적극적으로 해외마케팅을 펼칠 수 있게 되었다.

2006년에는 해외마케팅 고급인력을 충원하여 해외영업부를 만들고 미국의 빅3인 GM, 포드, 크라이슬러에 각각 회사 소개 자료를 보내고 지속적으로 접촉한 결과 GM으로부터 미국에 와서 브리핑을 해달라는 연락을 받았다. D사는 그동안 착실하게 준비한 자료를 가지고 GM의 디트로이트 본사를 방문하여 회사를 소개하고 D사가 공급하는 제품의 우수성에 대해서 브리핑했다.

이러한 노력의 결과 마침내 D사는 GM으로부터 엔진부품 오더를 수주하고 GM의 1차 협력업체가 되었다. 여기서 그치지 않고 캐나다 Magna, 오스트레일리아 Holden, 이란 Khodro 등과 각종 자동차부품 공급계약을 체결하는 등 해외시장에서 두각을 나타내고 있다.

성공요인

• 국제품질인증 획득

- 해외마케팅 고급인력을 충원하여 해외영업부 설립
- 성공적인 고객 브리핑

4) 해외시장의 다국적, 다변화 도모

　W사는 1982년 설립돼 수영복을 전문적으로 생산하는 기업으로서 생산과 물류 등에서 다양한 e비즈니스화에 성공하여 국내업체 중 수영복 수출 1위를 차지하고 있다. W사는 기업 내 모든 인적·물적 자원을 효율적으로 관리하기 위한 ERP(Enterprise Resource Planning, 전사적 자원관리시스템)와 물류의 합리적 분배를 위한 DAS(Digital Assorting System)를 구축함으로써 기존 봉제산업에 IT기술을 접목한 21세기형 신패션기업으로 변신하는 데 성공하였다.

　W사는 유럽시장을 상대로 수출을 시작하였으나 유럽시장만 가지고는 수출확대에 한계가 있다고 판단하고 미국시장으로 수출지역을 다변화하는 데 성공하여 사세를 크게 확장할 수 있었다. 하지만 미국시장에 진출한 이래 밀려드는 주문을 감당할 수 없어서 고객관리에 어려움을 겪게 되었다.

　W사는 이와 같은 문제를 해결하기 위해서 2005년 캄보디아에 현지공장을 설립해 생산을 시작했다. 당시 중소기업인 W사로서는 적지 않은 금액을 투자해서 해외에 생산기지를 설립하는 것이 다소 무

리한 상황이었으나 과감한 투자를 결정하고 밀어붙인 결과 생산규모를 획기적으로 늘리고 가격경쟁력을 높임으로써 바이어들로부터 확고한 신뢰를 얻는 계기를 마련하였다.

W사는 이에 만족하지 않고 해외시장을 더욱 다국적, 다변화하는 한편 해외생산기지도 베트남, 인도네시아, 중국 등으로 확대하여 세계 제일의 수영복 제조업체가 되기 위해 매진하고 있다.

성공요인

- ERP, DAS 등 선진관리기법 도입
- 해외시장의 다국적, 다변화
- 해외공장설립을 통한 경쟁력 확보

5) 해외시장 다변화와
유력 바이어의 적극적 유치활동

H사는 탄탄한 기술력을 바탕으로 차별화된 디자인을 가미한 다양한 CCTV 카메라를 생산하여 전 세계 60여 개국에 수출하고 있다. H사는 처음부터 중국산제품과 가격경쟁에서는 승산이 없다고 판단하고 '거미의 접근을 방지하는 카메라', '공기정화기능이 있는 음이온발생 CCTV 카메라' 등 고부가, 고기술, 고가격 CCTV 개발에 총

력을 기울인 결과 세계시장에서 경쟁력을 확보하는 데 성공했다.

H사는 각고의 노력 끝에 미국의 빅바이어와 공급계약을 체결하면서 성장가도를 달렸다. 하지만 2008년 특별한 이유 없이 바이어의 주문량이 줄기 시작하더니 끝내 거래가 중단되어 회사 사정이 급속히 악화되었다. H사는 특정바이어에게 의존하는 것이 얼마나 위험한지를 절감하고 신시장을 개척하기 위해 부단히 노력한 결과 유럽과 세계 전 지역으로 시장을 확대함으로써 위기에서 벗어날 수 있었다.

H사는 해마다 5~6개의 해외 보안전문 전시회에 참가한다. 기존거래처에게는 신제품을 소개하고 아직 거래관계가 없는 바이어들에게는 H사 제품의 우수성을 홍보하기 위해서다. 또 해외바이어들이 현지고객들을 상대로 홍보활동을 펼치는 현지전시회에 대한 지원도 아끼지 않는다. 이와 같이 전시회에 참가하고 지원하는 비용이 만만치 않지만 장기적으로 H사 제품의 우수성을 알리는 기회라 생각하고 적극적으로 활용하고 있다.

이와 같은 H사의 노력에도 유독 러시아시장에서는 빅바이어를 확보하지 못해서 고전하고 있었다. H사는 러시아 현지에 가서 바이어와 접촉하였으나 별다른 반응이 없었다. 그래도 포기하지 않고 지속적으로 바이어와 접촉한 결과 결국 거래관계를 수립하기에 이르렀고 현재 H사 매출의 20%를 차지할 정도의 대형 고객이 되었다.

H사는 현재에 안주하지 않고 지속적으로 신기술개발과 품질경영

에 박차를 가하는 한편 세계 유수의 보안전시회에 참가해 신제품을 홍보함으로써 세계시장에서 확고한 위치를 잡아가고 있다.

성공요인

• 고부가 고기술 제품개발

• 해외시장 다변화

• 해외전시회를 활용한 적극적인 마케팅

• 적극적인 유력 바이어 유치활동

6) 미국시장점유율 1위 업체와 제휴

B사는 정형외과용 부목(Cast/Splint)과 발수패드(Under-pad) 등을 생산하여 국내시장은 물론 해외시장에서 호평을 얻고 있다. B사는 국내 동종업체로는 유일하게 전문 우레탄 합성기술을 보유하고 있으며 끊임없는 연구개발을 통해서 글로벌기업의 특허기술과 대적할 수 있는 자체기술을 개발하여 전 세계 시장을 공략하고 있다.

B사는 설립 직후부터 해외시장에 관심을 갖고 꾸준히 해외바이어를 접촉했다. 세계 각국의 바이어리스트를 확보해 매일 500통씩 이메일을 보낼 정도로 바이어 개발 노력을 아끼지 않았다. 그러한 노력의 결과 튀르키예 군납업체로부터 문의메일이 왔고 바이어의 요

구에 신속하게 대응하여 결국 정형외과용 의료부목업계에서 세계 1위를 고수하던 3M을 제치고 튀르키예 군납업체의 오더를 따냄으로써 기업성장의 발판을 마련하였다.

이후 이란과 인도시장에 진출하여 자신감을 쌓은 B사는 세계시장에서 확고한 위치를 차지하기 위해서는 미국시장점유율 1위의 로봇과 의료기구 전문기업 오셔와 제휴하는 것이 시급하다고 판단하고 오셔의 기술수준과 약점, 현재 상태와 향후 전략까지 철저하게 분석한 후 미국으로 날아갔다.

우여곡절 끝에 담당자를 만난 B사는 미리 준비해간 자료를 바탕으로 인상적인 브리핑을 함으로써 담당자의 마음을 움직이는 데 성공하였고, 기술개발 협약과 더불어 200만 달러 이상의 계약을 체결하는 쾌거를 거두었다.

B사는 이에 만족하지 않고 경쟁사에 대한 철저한 분석과 제품개발에 몰두해 정형외과용 부목 분야에서 세계적 업체들과 대등한 경쟁을 벌이고 있다.

성공요인

- 특허기술을 보유한 글로벌기업과 대적할 수 있는 자체기술 개발
- 적극적인 해외바이어 개발
- 미국시장점유율 1위 업체와 제휴

7) 단일품목에 집중함으로써 경쟁력 확보

　K사는 오염을 방지하거나 위험물질 등을 다루기 위한 밀폐 투명 용기인 글러브박스(Glovebox)라는 특수장비를 전문적으로 생산해서 국내는 물론 전 세계 각국에 공급하고 있다. 이 분야의 후발주자인 K사가 기술력을 앞세운 미국, 독일, 일본의 경쟁업체는 물론 가격경쟁력을 앞세운 중국업체와의 경쟁을 뚫고 세계시장에서 살아남기까지는 남다른 전략이 주효하였다. 그중 대표적인 것을 소개하면 다음과 같다.

　첫째, 글러브박스 단일품목만 생산함으로써 적극적으로 기술을 개발하고 생산성 향상 및 경비절감 효과를 극대화했다. K사는 처음부터 글러브박스에만 집중하기로 하고 기업의 모든 역량을 집중해 품질과 가격 면에서 경쟁력을 확보하려고 주력함으로써 해외고객들에게 글러브박스 전문기업이라는 인식을 심어주는 데 성공하였다.

　둘째, 지역별, 산업별로 맞춤식 현지생산을 활용해 고객만족을 극대화했다. 한국, 일본, 타이완 등 아시아 지역에서 발달된 OLED, Battery, Nuclear 분야는 한국본사, 대학의 화학물질 연구용과 의료용 장비는 미국공장, 가격경쟁이 심한 범용 장비는 중국 및 동남아시아 공장에서 각각 제조하도록 함으로써 해당 지역에서 발달된 관련기술을 활용하고 가격경쟁력을 높이는 데 주력하였다.

　셋째, 신속한 애프터서비스와 철저한 사후관리로 해외고객들의 신뢰를 확고히 했다. K사는 해외고객으로부터 불만사항이 접수되면 이를 최우선으로 처리하고 애프터서비스 결과 고객이 만족하지 않으면 새로운 제품으로 교환해주는 등 적극적으로 대처함으로써 해외에서 장비를 구입하는 고객들의 불안감을 잠재웠다.

K사는 위에 열거한 것과 같은 마케팅전략을 효율적으로 운용함으로써 기존고객들의 재주문이 전체 주문의 80%에 이를 정도로 호평을 받고 있다.

성공요인

- 단일품목에 집중
- 지역별, 산업별 맞춤식 해외생산
- 신속한 애프터서비스 및 철저한 사후관리

8) 시장별로 특성화된 모델 개발

S사는 유압브레이커, 유압크라셔, 크롤러 드릴, 트럭크레인 등의 전문장비를 자체기술로 개발하여 전 세계 70여 개국에 수출하고 있다. S사는 일찌감치 기업부설연구소를 설립하고 지속적인 연구개발로 세계시장에서 통할 수 있는 제품을 개발하여 코트라에서 1차로 선정한 5대 강소·중견기업 리스트에 이름을 올리기도 했다.

S사는 해외시장을 개척하기 위해서는 브랜드를 알리는 것이 중요하다고 판단하고 세계 주요 전시회에 적극적으로 참가하여 브랜드를 홍보하고 신제품을 소개하는 데 주력하였다. 그 결과 S사의 브랜드가 믿을 만하고 계속 사용할 만한 브랜드라는 인식을 심어주는 데 성공하였다.

또 시장별로 고객의 요구가 다양하다는 점을 감안하여 고객별 니즈를 충족할 수 있는 제품을 개발하는 데 투자를 아끼지 않았다. 예를 들어 스칸디나비아시장에 진출하기 위해 현지에서 요구하는 제품을 신속하고 정확하게 개발함으로써 현지고객들에게서 호평을 받고 시장에 성공적으로 뿌리내릴 수 있었다.

한편 전문장비의 특성상 사용자들의 경험 부족 또는 오작동으로 고장이 났을 때 고객의 기분을 상하지 않게 하면서 문제를 해결할 수 있는 방안을 모색하는 등 고객관리에도 만전을 기하고 있다.

이와 함께 Breaker Specialist 양성프로그램을 도입해 이론과 실무를 겸비한 장비전문가를 양성하여 전 세계 고객을 대상으로 Before & After Service를 실시하고 있다.

S사는 현재에 만족하지 않고 끊임없는 기술개발과 제품개발로 전 세계 3대 브레이커 제조업체가 되기 위해 매진하고 있다.

성공요인

- 기술력이 뒷받침된 제품을 자체 개발

- 적극적인 전시회 참가를 통한 브랜드 및 신제품 홍보
- 현지시장에 적합한 특성화된 모델 개발
- 철저한 고객관리

9) 일본시장 집중공략

B사는 국내산 성게알 및 성게알 가공식품을 전문적으로 개발해 일본시장에 수출하고 있다. B사는 국내 최대 성게 가공공장을 운영하고 있으며 최고 수준의 성게 가공기술을 바탕으로 일본시장에서 확고하게 자리 잡고 있다.

B사는 일찍부터 전 세계 성게알시장의 70~80%를 차지하는 일본시장에 주목하고 이에 특화된 마케팅전략을 수립하는 데 주력하였다. 특히 일본시장에서 성공하기 위해서는 제품의 품질과 위생관리가 중요하다는 판단 아래 청정지역인 동해에서 해녀가 직접 채취한 최고품질의 자연산 성게만 취급하고 자체 개발한 최고 가공기술을 활용하여 위생적으로 가공함으로써 일본거래처의 신뢰를 얻는 데 성공하였다.

일본거래처와의 약속은 어떠한 일이 있어도 반드시 지킨다는 원칙을 지켰으며 일본거래처가 재고예측을 잘못해 재고가 과다하게 발생함으로써 어려움에 처했을 때 손해를 보전해주는 등 일본거래

처와의 관계를 돈독히 해서 한번 거래관계를 맺은 거래처와는 관계가 단절되는 일이 없도록 하였다.

그뿐만 아니라 유통기간이 짧은 문제점을 해결하기 위해서 성게알 통조림, 성게알젓 등 다양한 가공식품을 개발하여 수출시장을 확대하고 국내시장에도 진출하여 대형할인점, 고급일식당, 호텔 등에 다양한 성게제품을 공급하면서 성게 전문기업으로 자리매김하고 있다.

성공요인

- 최고품질의 제품 및 가공기술개발
- 세계 최대 시장인 일본시장에 주력
- 해외거래처와 돈독한 관계유지
- 다양한 제품개발

10) 미국조달시장 공략

S사는 독자적으로 개발한 개인정보보안필름, 지문방지필름, 항균필름 등 특수필름을 전 세계로 수출하고 있다. 독자적인 첨단기술로 무장한 S사는 우수한 인재를 확보하고 세계적 네트워크를 갖춰 글로벌 일류기업으로 성장하고자 노력하고 있다.

S사는 장기적으로 해외시장에서 자리 잡기 위해서는 자체상표로 수출하는 것이 바람직하다는 판단 아래 2006년부터 전 세계 각지에서 개최되는 박람회에서 자체적으로 개발한 신제품을 알리는 데 총력을 기울였다. 그 결과 2008년 4월 미국 워싱턴에서 열린 조달박람회에서 좋은 반응을 얻고 본격적으로 미국조달시장에 도전하기로 마음먹었다.

정부를 상대하는 것이 기업을 상대하는 것보다 거래상 위험도 적고 안정적인 거래가 가능할 것이라는 판단 때문이었다. 하지만 전 세계에서 가장 큰 미국조달시장에 진출하기가 만만치 않았다. 조달실적이 전무한데다 외국기업에 대한 눈에 보이지 않는 장벽도 만만치 않았다.

돌파구를 찾기 위해 부심하던 S사는 KOTRA의 주선으로 미국맹인산업협회(NIB)와 제휴함으로써 활로를 찾았다. 미국조달시장에서 장애인단체에 가산점을 주는 것에 착안한 것이다. 그 후 1년에 걸친 상담과 현장실사 등의 과정을 거쳐 마침내 미국조달시장에 진출하는 데 성공하였다.

S사는 여기서 멈추지 않고 미국조달시장에 진출한 것을 홍보무기로 활용해 전 세계 시장을 공략한 결과 연간 수출액 1,000만 달러에 육박하는 실적을 올리며 승승장구하고 있다.

- 독자적인 첨단기술개발
- 박람회 출품을 통한 적극적인 홍보
- 미국조달시장을 공략하고 이를 홍보무기로 활용

11) 아프리카시장 집중 공략

T사는 플라스틱 원료(PP, PE, PET, PVC 등) 및 플라스틱 가공기계(사출기, 제대기, 압출기, 인쇄기 등)를 남아프리카공화국, 짐바브웨, 잠비아, 말라위, 모잠비크, 탄자니아, 케냐, 보츠와나 등 아프리카 여러 나라에 집중적으로 수출하는 전문기업이다.

T사는 1998년에 남아공시장에 진출한 이래 인근국가로 시장을 넓혀서 100개가 넘는 거래처를 확보하고 거래관계를 유지하고 있다. 남아공에 처음 진출할 당시 한국제품에 대한 인지도가 거의 없어서 고전을 면치 못했으나 공휴일도 쉬지 않고 바이어를 찾아다니는 등 적극적인 마케팅 활동을 벌인 결과 남아공시장에 교두보를 마련할 수 있었다.

T사는 남아공을 비롯한 아프리카시장에서 한국산 제품의 인지도를 끌어올리기 위해 현지에서 개최되는 유명 전시회에 지속적으로 참가하면서 제품을 홍보하는 데 주력했다. 또 바이어들을 한국으로

초청해서 각종 산업시설을 견학시키고 한국문화를 소개함으로써 한국에 대한 좋은 이미지를 심어주기도 했다.

그뿐만 아니라 거래처와 신뢰관계를 돈독히 하기 위해 거래상 문제가 발생할 경우 최대한 상대방 입장에서 문제를 해결하려고 노력했다. 운송 도중 문제가 발생해 물건이 제때 도착하지 못할 경우에는 추가비용을 감수하고 항공편을 이용해서 급한 물량을 실어보냈으며 클레임이 접수되면 선해결 후협의 원칙을 고수함으로써 거래처들에게 믿고 거래할 수 있는 파트너라는 확고한 인식을 심어주는 데 성공하였다.

이와 같은 적극적 마케팅에 힘입어 T사는 아프리카시장에서 확고히 뿌리내리는 데 성공하였으며, 앞으로 지속적이면서도 안정적인 시장 확대를 기대하고 있다.

성공요인

- 아프리카시장을 집중적으로 공략
- 전시회와 바이어초청행사를 적극적으로 활용
- 바이어와 신뢰관계 유지

12) 자체 브랜드개발 및
해외전시회를 통한 브랜드 홍보

D사는 해상크레인 전문업체로 오프쇼크레인, 데크크레인, 유압식 호스핸들링크레인, 굴절식크레인, 프로비전크레인 등 다양한 제품을 생산하여 중국, 인도, 유럽, 싱가포르 등지에 수출함으로써 호평을 받고 있다.

D사는 세계시장을 개척할 때 무엇보다 기술력과 품질이 중요하다고 판단하고 설계, 생산, 품질관리 부문에 우수한 인재를 확보하고 독자적인 기술연구소를 운영하면서 자체기술을 개발하고 품질관리에 만전을 기하고 있다. 또 장기적으로 해외시장에서 뿌리내리기 위해 자체브랜드를 개발하여 해외시장에서 브랜드 이미지를 높이는 데 주력하고 있다.

D사에서는 해외시장에서 자사브랜드를 알리기 위해서 막대한 비용이 들어가는데도 전 세계에서 개최되는 해외조선기자재전시회에 끊임없이 참가하면서 브랜드를 홍보하는 데 전력을 다했다. 그렇게 노력한 결과 처음 전시회에 참가하고 6개월이 지나자 전 세계에서 문의가 답지하였고 실제 주문으로 이어지기 시작했다.

그뿐만 아니라 해외거래처와 거래관계를 수립하기 위해 해외거래처를 적극적으로 공략했다. 싱가포르시장에 진출할 때는 상대업체에서 단순히 참고용으로 가격을 요청했을 때 직접 싱가포르까지 날

아가서 적극적으로 밀어붙인 끝에 오프쇼크레인 오더를 받아내는
데 성공하였다. 또 브라질시장이 성장가능성이 크다는 사실에 주목
하고 현지를 방문하여 여러 업체와 상담을 펼친 끝에 유능한 사업파
트너와 제휴함으로써 브라질시장에 성공적으로 진출하였다.

D사는 독보적인 기술력과 품질관리능력을 바탕으로 해외시장뿐
만 아니라 국내시장에서도 두각을 나타내고 있으며 세계적인 해상
크레인 전문업체로 도약하고 있다.

성공요인

- 기술력과 품질관리능력개발
- 자체 브랜드개발 및 해외전시회를 통한 브랜드 홍보
- 적극적인 해외거래처 공략

| 참고문헌 |

이기찬,《이기찬무역실무》, 2011, 중앙경제평론사.

최장우,《실전무역전시마케팅》, 2008, 교우사.

최장우·박영태,《인터넷 무역마케팅》, 2010, 두남.

한국무역협회,《국가대표 강소기업》, 2010, 한국무역협회.

한국무역협회,《무역실무매뉴얼》, 2007, 한국무역협회.

한국무역협회,《세계를 상대로 기회를 찾은 사람들》, 2011, 한국무역협회.

한국무역협회,《쓰디쓴 애로 달콤한 수출》, 2011, 한국무역협회.

한국무역협회,《아는 만큼 성공하는 해외조달시장이야기》, 2009, 한국무역협회.

무역도서 베스트셀러

현장에서 바로 써먹는 무역실무 마케팅
최병훈 · 홍재화 지음 | 18,000원

CEO, 수출 · 수입 마케팅 담당자, 비즈니스맨 필독서!

슬기로운 무역취업
이기찬 지음 | 16,500원

무역 현장 전문가가 알려주는 무역 · 해외영업 취업특강!

eBook 구매 가능

eBook 구매 가능 eBook 구매 가능 eBook 구매 가능

쉽게 배우는 이기찬 최신 무역실무
이기찬 지음 | 25,000원

샘플로 쉽게 배우는 무역 실무영어 첫걸음
오시학 지음 | 18,000원

달인에게 배우는 무역실무 300문 300답
오시학 지음 | 18,000원

eBook 구매 가능 eBook 구매 가능 eBook 구매 가능

무역으로 돈을 벌 수 있는 7가지 방법
이기찬 지음 | 17,000원

무역의 신
이기찬 지음 | 13,800원 [오디오북 구매 가능]

인코텀즈 2020 무역왕 김창호
이기찬 지음 | 15,000원

---

eBook 구매 가능 eBook 구매 가능 eBook 구매 가능

저는 무역이 처음인데요
이기찬 지음 | 16,500원

인코텀즈 2020 7일만에 쉽게 끝내는 무역실무
이기찬 지음 | 16,500원

인코텀즈 2020 7일만에 쉽게 끝내는 무역영어
이기찬 지음 | 16,500원

---

eBook 구매 가능 eBook 구매 가능

인코텀즈 2020 무역실무 정석
권영구 지음 | 17,000원

인코텀즈 2020 쉽게 배우는 무역영어 기본 실무
권영구 지음 | 18,000원

그림으로 쉽게 배우는 무역실무 기본 & 상식
기무라 마사하루 지음 | 권영구 편역 | 15,000원

중앙경제평론사 Joongang Economy Publishing Co.
중앙생활사 | 중앙에듀북스 Joongang Life Publishing Co./Joongang Edubooks Publishing Co.

중앙경제평론사는 오늘보다 나은 내일을 창조한다는 신념 아래 설립된 경제·경영서 전문 출판사로서 성공을 꿈꾸는 직장인, 경영인에게 전문지식과 자기계발의 지혜를 주는 책을 발간하고 있습니다.

7일만에 쉽게 끝내는 해외마케팅

초판 1쇄 인쇄 | 2023년 3월 23일
초판 1쇄 발행 | 2023년 3월 28일

지은이 | 이기찬(KeeChan Lee)
펴낸이 | 최점옥(JeomOg Choi)
펴낸곳 | 중앙경제평론사(Joongang Economy Publishing Co.)

대　　표 | 김용주
책임편집 | 용한솔
본문디자인 | 박근영

출력 | 삼신문화　종이 | 한솔PNS　인쇄 | 삼신문화　제본 | 은정제책사

잘못된 책은 구입한 서점에서 교환해드립니다.
가격은 표지 뒷면에 있습니다.

ISBN 978-89-6054-313-3(03320)

등록 | 1991년 4월 10일 제2-1153호
주소 | ㉾ 04590 서울시 중구 다산로20길 5(신당4동 340-128) 중앙빌딩
전화 | (02)2253-4463(代) 팩스 | (02)2253-7988
홈페이지 | www.japub.co.kr 블로그 | http://blog.naver.com/japub
네이버 스마트스토어 | https://smartstore.naver.com/jaub 이메일 | japub@naver.com
♣ 중앙경제평론사는 중앙생활사·중앙에듀북스와 자매회사입니다.

도서
주문
www.japub.co.kr
전화주문 : 02) 2253 - 4463
https://smartstore.naver.com/jaub
네이버 스마트스토어

중앙경제평론사/중앙생활사/중앙에듀북스에서는 여러분의 소중한 원고를 기다리고 있습니다. 원고 투고는 이메일을 이용해주세요. 최선을 다해 독자들에게 사랑받는 양서로 만들어드리겠습니다. 이메일 | japub@naver.com